JN199802

はじめての選挙権

── 年若き友に ──

南窓社

まえがき

　次代をになう若いみなさんに、お節介といわれそうなこんな本を贈ることを思い立ちました。

　私は太平洋戦争の敗戦を国民学校（今の小学校）一年生のとき迎えました。私は「ああそうか」としか思わなかったのですが、私より一、二年上の生徒の中には、昨日まで忠君愛国、日本は神風が吹いて鬼畜米英を倒すことになる、と教えてきた先生たちが、言う事をガラリと変え、日本が戦争に向かうことは反対だったなどと語るのを聞いて、人間なんて信用できないものだ、と子供心に刻み込まれた、と想い出を話してくれる人たちがいます。たった一つ二つの年の違いでこんなに受け止めかたが違うのか、その子どもたちは早熟だったのか、などと考えたくなりますが、国が進もうとしている道を毎日聞かされていた子どもたちは、こころがそちらに強く方向づけられていたことがわかります。それが一日でひっくりかえされたのですから子供心にもばかばかしくなったとしても不思議ではないでしょう。二度とこんなことが起こらないようにするにはどうすればよいのでしょう。

　敗戦を機に新生日本の声とともに新憲法の発布を迎えました。子どもの私たちは、ある大人の人たちから「これからの日本は民主主義の下で、東洋のスイス（永世中立国）を目指す」と聞かされました。そして民主主義を根付かせる教育の中で育ってきました。各学級で議長を選び、議論しあってその学級の目標を決める、さらに学級代表が選ばれて全校の自治会で各学級の提案を出し、全校の目標を討議するなど、今日では当たり前かもしれませんが、当時としてははじめての試みを経験しました。その熱気を今でもあざやかに思い出します。たしかに民主主義による政治は最善のもの（神のような名君による統治？）ではなく、万能ではない人間にとってセカンドベストの政治と考えられます。一人一人が知恵を

出し合い、その長所（メリット）と短所（デメリット）を検討し、妥協点をさぐり、ベストと思われる結論を探し出す、どうしても決着のつかないときは多数決に従う。ただし少数意見の側にもできる限り手当をする、というのが民主政治の原則です。ところが今日の日本の政治の姿を見ていると、みなさんにどうしても考えておいていただきたいことが浮かんでくるのを止めることができません。

　民主制である限り、その政治の流れを選んだ責任は私たち選挙民にあることを忘れてはなりません。ところが、政権を掌握した党は、実は全有権者の約25パーセント強の得票率で、国民全体の付託を受けたと豪語するのです。（ちなみに2014年12月の衆議院総選挙では、投票率52.66％、与党の対有権者得票率25.25％。2017年10月の衆議院総選挙でも、投票率53.68％、対有権者得票率25.2％。）つまり有権者の約四分の一によって、国の重大な進路が決定されることになるのです。

　こうした事態を何とも思わない風潮はどうして広まってしまったのか。その原因の一つとして、二大政党制を実現させる試みとして導入された選挙制度がうまく機能していないことがあげられます。しかし私としては、その最大の原因は、政権を握る政党の目指している目標がこれでよいのか、私たちはどんな方向に向かうべきなのか、などについて有権者が無関心なことにあるのではないかと考えます。

　そこで、政治学者の千葉眞さんを誘い関連する基礎知識を、さらに友人たちにも幅広い視野に立つコラムをお願いして、若いみなさんに、選挙について「考えるヒント」を提供することを、試みてみました。自分の頭で考え、自分の言葉で語るために役立てていただければ嬉しい限りです。

はじめての選挙権　目　次

第Ⅰ部　投票前にこころの準備を

第Ⅱ部　さしせまった課題をめぐって

プロローグ

2015（平成27）年に公職選挙法が改正され、2016（平成28）年6月19日に施行されました。これまで20歳以上に与えられていた選挙権が18歳以上に引き下げられたわけです。みなさんは高等学校の公民（「現代社会」「倫理」「政治・経済」）の授業で、日本における議会制民主主義の選挙についておおよその知識を学ばれたことと思います。しかし現実にいざ一票を入れるとなると、だれを選ぶのか、どの政党を選ぶのか、その政策がどうなっているのか、自分の一票にどれだけ力があるのか、など頭を悩ますことになるでしょう。しかし、その場合みなさんが、どのような世界が理想的なものなのか、日本はどのような進路をとるべきか、国民一人一人はどのような生活を送ることを願っているのか、を考えておくかおかないかで、ガラリと状況は違います。自分にはそんなことに関心はない、興味はない、全く縁遠いなどと放り出さないで、本書とお付きあいください。ただし、最初から順に読み通す必要はありません。興味を持たれたトピックを拾い読みしていただいてけっこうです。

第Ⅰ部では、一票を投じる前にこころに留めておきたい根本的と思われるいくつかの事柄についてお話しします。賛成、反対、ちょっと変ではないかなどなど、みなさん方がどう受け止められるかは自由です。ただその場合、どんな受け止め方をされても、私たちといっしょに考えてみるという共同作業にみなさんは参加されていることになります。この作業によって、みなさんが一票を投じるための、ものさし（基準）を手にいれていただくことを目指します。

第Ⅱ部では、現実に対立する政策のどちらかを選ばなければならない場合のために、現在私たちが直面しているいくつかの問題をとりあげてみます。ここでおことわりしておきますが、執筆者はある分野をのぞいて、全くの素人です。みなさんたちとできる限り同じ目線に立っていろ

いろ情報を入手し、一緒に考えていきたいと思います。執筆者は、自分の意見を述べるのではなく、賛成、反対両方の考え方をできるだけていねいに紹介したいと思います。（もちろん執筆者の立場が簡単に推測できるケースがあるかと思いますが、それを強制するものではありません。）みなさんは、自分はどちらに賛成か、あるいはどうしてそのように判断するのかを自分で考えていただきたいのです。その際何を判断の基準にしたらよいのか悩まれるかもしれません。その時はもう一度第Ⅰ部にもどって、自分の考えを基礎から吟味し直していただきたいと思います。

　繰り返しますが、本書は執筆者の主張を押し付けるものではありません。むしろ、みなさんが自分はどう考えるか反省する、あるいは友人はどう考えるのかお互いに知り合うための話題提供を目指しています。その際、自分自身との対話、あるいは友人との対話が実践できれば理想的です。ただし友人との対話の場面で注意していただきたいことがあります。筆者の若いころは、政治問題となるとどうしても血が熱くなり、対立する意見にぶつかると興奮して声を荒げたり、闘争心に駆られたり、果ては憎しみの感情が残ってしまうことがありました。こうしたことは絶対に避けていただきたい。対話には温和、誠実、自由が必要なことをこころに留めて、心おきなくすすめていただきたいと思います。

　なにはともあれ、選挙では「無関心」は最悪の犯罪です。

第Ⅰ部
投票前にこころの準備を

1　憲法が国家の性格を決定づけます

　私たちは日本国民として日本という国で生活していますが、ふだんはそれをほとんど意識することはありません。しかし、一歩でも海外に出かけると、このことをいやでも意識させられます。パスポート ——「所持人が日本国民であることを証明し、訪問国で故障無く旅行できるよう、また必要な場合には保護扶助を受けられるよう」に外務大臣が要請する形になっています —— をもっていなければ、旅行を続けることができません。逆に、私たちはこんなとき以外、国という存在を忘れてしまっていても別に困りません。つまり私たちは、古来同胞意識を持って住みなれてきた土地を必要に応じて「国（くに）」と呼びならわしているにすぎません。そこでは、政治など自然の流れにまかせておけば「国」はなんとなくうまく回って行くという楽天的な考えを私たちは無意識のうちに抱いているのではないでしょうか。これは、海に囲まれ、隣国から国土を脅かされる危険があまりなく、民族もほぼ同一との安心感の中でぬくぬくと生活してきたところから育った日本人の国民性かもしれません。（実は、江戸時代から明治時代にかけて強制的に服従させられてきた先住の人々がいることを忘れてはなりません。）

　しかし、こうした空気のような存在としての「国（くに）」という受け止め方に対して、「国家」と呼ばれる場合を（同じく「国（くに）」とも呼びますが）、私たちは区別しなければなりません。これはヨーロッパで17世紀中頃から支配的になった「国民国家」と呼ばれる統治形態を前提としていて、日本では明治維新以降とり入れられた考え方なのです。国と国とは国境線で明確に分かれ、その中に住む「国民」は言語、宗教、生活習慣、伝統文化などを共有するものと受け止められています。そこで生まれてくるのが、空気のような存在とは違った国（くに）の感覚です。「国民一体となって○○（たとえばオリンピック）を成功させましょ

う」とか「国を愛する心を養いましょう」などといわれると、そうしなければならないような気持ちになりますし、「非国民」「売国奴」などは最悪の罵りとなってしまいます。「国家」としての「国」には、対内的には国民の一体感とともにそれに従わない人への敵愾心、対外的には自国第一主義と同時に他国に対する対抗心、競争心、悪くすると敵対心が生まれます。国家の国民にはこうした感情がひそんでいること、この感情は時と場合によって良くも悪くも働くことを、まずしっかりと心に留めておきたいと思います。

　さて、国家においては、政権の座に着いている指導者たちは、国内における安寧秩序を維持するとともに外敵の侵害を防衛する責任があるとの名目で政策を決定し、国家を導いていきます。その際、よりどころとされるのが、憲法です。今日体制のととのった国では、憲法、あるいはそれに準じるものを制定しています。その憲法の精神のもとに国民生活がスムーズに営まれるよう民法、商法、刑法をはじめいろいろな法律が制定されます。このような政治のありかたを「立憲制」と呼びます。

　ところで、憲法によって、国家は全く違った性格をもつことになります。この点を、私たちははっきりと知っておく必要があります。日本の場合、1890（明治23）年に施行された「大日本帝国憲法（明治憲法）」のもとで歩んだ歴史の結末と、1947（昭和22）年5月3日に施行された「日本国憲法」のもとでの歩みを反省してみると、わかりやすいと思います。

　「大日本帝国憲法」では、第1条で「大日本帝国ハ万世一系ノ天皇之ヲ統治ス」（大日本帝国は万世一系〔永久に同一の血筋を継ぐ〕天皇がこれを統治する）と表明し、第3条で「天皇ハ神聖ニシテ侵スベカラズ」（天皇は神聖なものであり、侵してはならない）と天皇不可侵を宣言します。その上で第11条「天皇ハ陸海空軍ヲ統帥ス」（統帥する＝軍隊を指揮・統率する）との条項が付きます（原文は旧字、旧仮名遣い）。その結果は太平洋戦争の敗北でした。国益をまもり日本の発展をゆるぎないものにする生存圏を確保する、との口実のもとに朝鮮半島、中国大陸への侵略を、天皇を利用しておしすすめる軍国主義の流れをとめることができなかっ

たのです。反対する者があれば、不敬罪の名のもとに生命を奪うことが可能でした。信教の自由（「帝国憲法」第 28 条）、言論・著作・出版・集会・結社の自由（「帝国憲法」第 29 条）を表向きには認めながら実情は、治安維持法などにより厳しい言論統制が徹底されていたのです。

　これに対して、日本の再出発を誓った「日本国憲法」は、

> 　日本国民は、正当に選挙された国会における代表者を通じて行動し、われらとわれらの子孫のために、諸国民との協和による成果と、わが国全土にわたって自由のもたらす恵沢を確保し、政府の行為によって再び戦争の惨禍が起ることのないようにすることを決意し、ここに主権が国民に存することを宣言し、この憲法を確定する。
> （原文は旧字、旧仮名遣い）

に始まる前文のもと、主権在民、基本的人権の尊重、平和主義を原理として、法体系が整備されています。この憲法のもとで少なくとも太平洋戦争終結後 70 年の間日本では、外国との戦争にまきこまれることなく平和のうちに、国民が安心して暮らすことができてきたことは否定できません。（朝鮮戦争（1950 – 53 年休戦）、ヴェトナム戦争（1960 – 75 年）では日本の米軍基地が使用された問題がありますが。）

　日本は自分の殻に閉じこもって、世界のいろいろな地域で起こる紛争に目をつぶってきたにすぎない、との非難があります。それに応えようと、近年平和維持活動への参加がすすめられてきました。

　しかしながら、憲法第 9 条第 1 項「日本国民は、正義と秩序を基調とする国際平和を誠実に希求し、国権の発動たる戦争と、武力による威嚇又は武力の行使は、国際紛争を解決する手段としては、永久にこれを放棄する」に表明された精神を、紆余曲折はありますが、国民と政治家がなんとか護ろうとしてきたかげの力が働いてきたことは確かです。（なおこうした国際平和の促進と国際紛争解決のための戦争放棄を宣言する平和条項は、世界のおよそ 8 割の国々が憲法に定めています。現実問題については第Ⅱ部で考察します。）

　このように、憲法によって国家の歩みはガラリと変わります。国家の歩みはあたかも、一人の人間が、欲求、願望、あるいは理想と感じることを実現する「幸福」のために頭（理性）を働かせ、行為を選んで進んでいくのに似ているといえるかもしれません。人の生き方は、何を目標や理想とするか、「どのような人生を送るべきと考えるか」「幸福とは何か」によって、大きく変わります。（たとえば、富の獲得を目標とするか、名誉を求めるか、つつましい生活を理想とするかで、それぞれの人生はどうなるでしょう。）それと同じように国家の場合も、「どのような国家を目指して、どのような進路をとるべきか」によってその歩みは変わります。その指針ともいうべきものを示すのが、現代では憲法です。私たちは戦前と戦後の日本の憲法のどちらを選びたいと思うでしょうか。しかも憲法（および種々の法律）を制定するのは、民主制の国家では国民が選挙で選んだ議員で構成される国会です。私たちは選挙に臨むとき、「日本という国家はどのように進むべきか」について真剣に考えておく必要があるのです。

　とくに現代は地球一体化（グローバリゼイション）の進む時代といわれます。日本はどのように進むべきでしょうか。日本も地球号という一つの宇宙船の乗組員の一員といわれます。この事実を前にして、日本はどのような役割を果たしたらよいのでしょう。いえ、その前に、どのような世界を実現したらよいのでしょう。といわれても、どのような世界を目指すのか、日本はどのように進んでいくべきか、などとはおおげさで、私たちの日常生活とはかけはなれている、この自分とは無関係と受け止められてしまうかもしれません。しかも、多数の人口をかかえる現代の国家では、間接民主制をとらざるをえないので、一個人の一票などは無力、選挙に出かけても無駄、と考えたくなるかもしれません。

　しかし、主権在民の思想の上に成立する民主主義のもとでは、国民が選挙によって政治家を選ぶのであり、どのような政治が行われるか、その責任は私たち一人一人にあるのです。実感がわかないかもしれませんが、このことを胸に刻みつけておいていただきたいのです。

　ところで、ここで疑問がわくかもしれません。民主主義と言えば、自明な制度で共通に理解しあっているもののように話がすすめられているが、はたしてそうでしょうか。いったん立ち止まることにしましょう。

2　民主主義とは何か？

　民主主義っていったいなんだ？　ときどき私たちは、この問いについて自問自答したり、友人や家族と話したりすることがあります。第二次世界大戦後、日本は民主主義を統治制度として導入しました。国の最高法規である「日本国憲法」（1947 年施行）は、その前文で「主権が国民に存する」と謳っています。さらに続けて「そもそも国政は、国民の厳粛な信託によるものであって、その権威は国民に由来し、その権力は国民の代表者がこれを行使し、その福利は国民がこれを享受する」と記しています。主権とは国の政策を決定する最高権力のことで、それが国民に存すると認識されているわけです。そして前文は、こうした民主主義の統治こそ、「人類普遍の原理」であると宣言しているのです。

　このように民主主義とは、国民主権ないし主権在民に基づく政治を意味しています。また民主主義の統治は、フランス革命では「自由・平等・友愛」の政治と呼ばれました。またアメリカのリンカーン大統領の言葉を借りて、「人民の、人民による、人民のための政治」と理解されてきました。

　この民主主義という統治制度は、おそらく人類社会のさまざまな文明や地域でそれぞれに発展した面があったと思います。しかし、今日世界中に広がった民主主義という思想と制度は、主として二つの歴史的ルーツに由来するものでした。一つには、地中海世界のアテネなどのポリス（都市国家）で紀元前 6 世紀から 5 世紀あたりに最盛期を迎えた古代ギリシア型民主主義がありました。これが第一の歴史的ルーツです。もう一つは近代西ヨーロッパ（とくに17世紀イングランドと18世紀末フランス）を歴史的ルーツとする近代西欧型民主主義です。まずこれら二つの民主主義を簡単に紹介しておきましょう。そして次に現代の民主主義について概観しておきたいと思います。

古代ギリシア型民主主義

　古代ギリシア、とくにアテネ —— ポリス（都市国家）を形成 —— で隆
盛をほこった民主主義は、現代の私たちの感覚からすれば、民主主義と
はほど遠いものでした。それは当時のアテネの全人口のせいぜい 10％
から 15％を占めるだけの市民階級の成人男性内部で実現された統治制
度であり、残りの奴隷階級や外国人寄留者や女性はみなこの統治制度か
らは排除されていました。また当時の市民階級は、労働や生産や経済活
動一般はことごとく奴隷や女性たちに依存していました。そこに生じた
時間的余裕によって、市民はポリスの政治に参加することができたので
す。そこには万人の人格的尊厳の承認、生命や自由、平等や幸福追求と
いった人権の思想と制度も、まだ不十分にしか見られませんでした。さ
らに繰り返しになりますが、当時のプラトンの民主政批判にあるように、
利益誘導や煽動型政治（デマゴギー）に弱く、僭主制（一種の独裁制）や
衆愚政治（モボクラシー／モップ支配）に行き着くという批判もなされて
おり、これは部分的に当時の現実でもありました。

　しかし、それにもかかわらず、古代ギリシア型民主主義は、これまで
民主政治の模範とされて高く評価されてきた面があります。それはいっ
たいなぜだったのでしょうか。第一に当時のいくつかのポリスに見られ
た古代ギリシア型民主主義は、直接民主主義でした。アテネの場合、将
軍ペリクレスの時代（紀元前 5 世紀半ば）が民主主義の最盛期だったと
言われています。独裁者の面もあったと言われるペリクレスは、その
「国葬演説」において、「民主政治」を「少数者の独占を排し多数者の公
平を守る」統治の仕組みとして推奨しました。また「われら一人ひとり
の市民は、質朴のうちに美を愛し、柔弱に堕することなく知を愛する。
……人生の広い諸活動に習熟し、自由人の品位をもち、自らの知性の円
熟を求める」とも述べています。

　「民主政治」とは、ギリシア語で「デーモクラティア」で「デーモス」

（民衆）と「クラティア」（権力）の合成語です。具体的には民衆（市民階級）の自己統治を意味しました。このアテネの「民主政治」の全盛時代——この栄誉ある歴史の一時期——に、アリストテレスが「政治的動物」と呼んだ高度に政治的な存在である市民が自己統治の共同作業に従事し、共通善を求める政治を実現しました。彼らは民会での自由な言論と討議、政策の決定や法の制定などを通じてポリスのよき公共世界の建設にむけて協力しました。ポリスにおいて市民は、イソノミア（政治的平

ラファエルロ「アテナイの学堂」
中央左のプラトンは天を指し、右のアリストテレスは地上を指す。
〔ヴァティカン宮殿蔵、眞方忠道撮影〕

等）の実現、さらにパレーシア（言論の自由）とイセーゴリア（平等な発言）の保障を追求しました。古代ギリシアは、政治の本質として言論の自由と討議と共同行為を発見し、その実現にかなりの程度成功した歴史的事例でした。こうした尊厳ある政治の原イメージは、統治および民主主義の基本として後代に受け継がれ、現代にまで継承されてきたのです。

　アリストテレスは、『政治学』第3巻第11章で「多数者の思慮」についてこう述べています。「多数者は、その一人ひとりは卓越した人間とはいえないにしても、集まれば少数の最優秀者にまさるかもしれない。」これは、一人の最善の支配者（君主政）や少数の支配者（貴族政）よりも、普通の一般民衆ないし多数者（民主政）が自由な意見交換と討議を通じて得た総合的な知恵や判断の方が、適切であることが多いという主張でした。このようにアリストテレスは、一方で民主政治を「貧困者の支配」と否定的に見ていた面もありましたが、他方で師プラトンと異なり、そ

れを高く評価していたのでした。「プラトンよりも真理を」という、ア
リストテレスの生き方と学問の基本線を、ここにかいま見ることができ
ます。

近代西欧型民主主義

　近代の民主主義の出発点は、17世紀のイングランドや18世紀末のフ
ランスなどの西欧諸国にありました。その起源は、17世紀のピューリ
タン革命と名誉革命から成る二つのイングランドの革命、さらには18
世紀末のフランス革命といった近代市民革命に求められます。すでに見
たように、一方で古代ギリシア型民主主義は、小規模なポリス（都市国
家）と比較的少人数の市民階級であるデーモスを背景とした直接民主主
義でした。これに対して、近代西欧型民主主義は、かなり大規模な領土
をもつ主権的国民国家 —— 宗教戦争を終息させるべく創設された1648
年のウェストファリア体制に由来 —— を背景にした間接民主主義でした。
この民主主義は国民議会を発展させ、代表制民主主義を基軸とした現代
の自由民主主義の統治制度へと結実していくことになります。
　この近代民主主義は、法の支配（立憲主義）、三権分立、政教分離、議
会主義、複数政党制、官僚制、選挙制、国民の基本的人権の保障などの
思想と制度を発展させていきました。それは、国民国家の民主主義、つ
まりナショナル・デモクラシーでありました。国民（ネーション／ナシ
オン）を基盤とした民主主義でした。この民主主義とナショナルなもの
に加えて、19世紀になると国民経済としての資本主義経済が加わりま
した。いわば「三頭立ての馬車」、つまり「トロイカ体制」となったわ
けです。民主主義、ナショナルなもの、資本主義という三頭の馬は、そ
れぞれ独自の思惑と歩調を示すことがあり、この馬車を御すのは至難の
わざでした。三頭の馬は相互にうまく歩調が合って相乗効果を生む瞬間
もありました。ですが、その歩みに変調がもたらされる場合も少なくあ
りませんでした。このトロイカ体制は、どの国でもバランスのくずれが

ちな、いわば足をひきずりながらの民主主義でありました。しかし、このトロイカ体制は、いわゆる「民主化の三つの波」（サミュエル・ハンティントンによれば、19 世紀末、20 世紀中葉、20 世紀末の三つの時期に生じた）を通じて世界の各地域へと広がっていきました。

現在の民主主義の機能不全

21 世紀初頭の現在、この「トロイカ体制」の自由民主主義は、危機を迎えています。西欧や北米のデモクラシー先進諸国においてだけでなく、日本を含む世界中の民主主義諸国において自由民主主義は停滞し、議会主義も、複数政党制も機能不全に陥っています。いわゆる「民主主義の赤字（欠損）」が作り出されています。三頭立ての馬車ですが、資本主義の変質（グローバルな金融資本主義の登場）とナショナリズムの復興によって二頭が暴れ馬になってきました。それにはそれぞれの理由がありそうです。ただその結果、これら二頭の暴れ馬の真ん中にいる民主主義の馬が興奮し動揺してしまい、二頭の馬に引っ張られて安定をくずし、うまく歩調を保てなくなってしまっています。民主政治の苦悩とその徴候は今、世界の多くの国々にいろいろなところに表れています。たとえば、極端で排他的なナショナリズムに突き動かされるポピュリズム（民衆迎合主義）、格差社会化によって先細る中間階層とその焦燥感や憤激、ますます周縁化され生活が厳しくなっていく少数者や社会的弱者など。いま民主主義は、西欧諸国や北米諸国をはじめとして世界各国でも機能不全に陥り、危機に遭遇するようになりました。イギリスの政治学者コリン・クラウチによれば、これら民主主義先進国だったイギリスをはじめ西欧諸国は、いまや「ポスト民主主義」という状況を迎えているとのことです。

これは民主主義の統治制度の危機ではあります。では「ポスト民主主義」の時代だから、民主主義を手放してもいいかといえば、決してそうではないでしょう。民主主義を除去しようとした歴史的な試みは、し

ばしば専制や独裁や全体主義に帰結しました。第二次世界大戦中にイギリスの首相をつとめたウィンストン・チャーチルは、次のように言ったと伝えられています。「民主主義は最悪の統治形態である。しかし、これまで試みられてきた民主主義以外のすべての政治形態を除けばだが。……民主主義は悪さが最も少ない統治制度である。」

　「民主化の第三の波」（ハンティントン）と呼ばれた旧共産主義圏の中・東欧諸国に「連鎖的民主主義革命」が起きたのは、一昔前の 1989 年のことでした。そしてその 2 年後の 1991 年にはソヴィエト連邦が崩壊しました。こうして米ソ冷戦時代の一方の主役をつとめた共産主義陣営が終焉を迎え、それらの国々では民主化と市場経済の導入の方向に舵が切られたのでした。共産主義諸国を襲ったこの「民主化の第三の波」としての「連鎖的民主主義革命」ですが、ルーマニアなどを除いてほぼ非暴力的に行われたのでした。こうして「ポスト冷戦」と呼ばれる時代が、幕を開けました。自由主義陣営の一部には、これで世界平和の道が開け、世界は民主化に向けて突き進むであろうという楽観論が、しばしの間、世論を支配しました。しかし、それも束の間、こうした楽観論はすぐにしぼんでしまいました。ポスト冷戦期と呼ばれる 1990 年代以降、ユーゴスラヴィア紛争をはじめ、世界はあたかも「暗い時代」に突入するかのように見えました。世界各地でジェノサイド（特定民族の組織的大虐殺）が起こり、国際テロリズムが暗躍しました。アメリカによるアフガン戦争（2001 年）とイラク戦争（2003 年）が開始されました。イラク、シリア、北アフリカに大量の難民が発生しました。こうした各種の暴力、紛争と戦争、無辜の人々の生命と人権の危険が、増殖していきました。

　「ポスト民主主義」とはいったい何でしょうか。それは、どの政党が政権を担当しようと、国の政策は大企業と富裕層の利益になるような一定の構造的権力が働いて、貧富の差が増大する格差社会化が深まっていく状況です。一方において労働者階級や労働組合、そして参加的市民層が衰退していく傾向が見られます。他方では大企業が下支えをする種々の権力エリート層（政治的エリート、経済的エリート、軍事的エリートなど）

に、権力の集中が見られるようになります。こうして主権在民の民主主義とは名ばかりのものとなり、実際には一握りの権力エリート層主導の寡頭制支配（少数者支配／オリガーキー）が作り上げられていくわけです。これはいわゆる先進的民主主義社会に共通してみられる苦悩にほかなりません。

　現代民主主義の苦悩と活力を示す典型的出来事が、アメリカのニューヨーク市マンハッタンで起きました。それは、「（富を独占している1%に対し）われらこそ99%だ」と銘打たれた「ウォール街オキュパイ（占拠）運動」（2011年9月17日以降、約半年ほど続いた）でした。これは基本的に非暴力で行われました。古代ギリシア型民主主義に一部みられた参加民主主義が、路上や広場の民主主義として一部復活する兆しが見られました。この路上や広場の民主主義は、いま多くの国で見られます。というのは、やはり民主主義の「根の営み」は、前に述べた「デーモクラティア」からも明らかなように、デーモス（民衆／市民）の「自己統治」なのですから。それゆえに、政府が国民の生命・自由・幸福追求などの人権をふみにじる統治をしたり、社会の公益や共通善にそぐわない統治をした場合、主権者たる市民が声を上げるのは当然のことです。ジョン・ロック（1632-1704）は、政府に委ねられた権力は人民の同意に基づく「信託された権力」であると論じました。政府が長期にわたり独裁や専制などの暴政を働き、人民の生命・自由・財産の権利を奪うような統治を行った場合、信託的権力は人民に戻り、人民は新たに政府を創出する権限を回復すると主張しました。これは、ロックが『統治二論』で展開した「抵抗権」あるいは「革命権」と呼ばれる思想です。これはロックにあっても、めったに行使されることはないと想定されていました。このようにあれこれと考えていきますと、民主主義の基本は、公共の福祉や共通善の実現にむけた民衆（普通の私たち）の思考や判断力、発意や意向、自由な言論や討議、共同行為、そして自発的な連帯やネットワーキングにあると言えます。

【コラム】　英・米・独の主権者教育

〔ここで一票を投じる前に、学校で「主権者（シティズンシップ）」
教育がどのように行われているかを、イギリス、アメリカ、ドイツ
を例に見てみましょう。〕

イギリスのシティズンシップ教育

　イギリスでは2002年から中等教育段階の政治教育として、シティズ
ンシップ教育が必修科目とされました。この背景には、1970年代以降
の若者の政治的無関心や投票率の低さを是正しようとする動きがあり
ました。その取り組みの一環として、1998年には政府への答申として、
政策文書「学校における民主主義とシティズンシップの教育」が提出さ
れました。これは政治理論家バーナード・クリック（1929 - 2008）が諮
問委員会の中心となって作成したもので、「クリック・レポート」とも
呼ばれています。この文書は、シティズンシップ教育の目的として「政
治文化の変革を担う活動的な市民（アクティヴなシティズン）の育成」を
挙げています。そのために「政治的リテラシー（基本能力）」を生徒に
身につけてもらう必要がある、と謳われています。これは、中等教育を
担う中学や高校だけでなく、行政組織と自治体と市民社会とが支援して
推進する政府的プロジェクトとして定着していきました。
　その場合、ここで前提とされている政治とはいったい何でしょうか。
バーナード・クリックは、かつて彼の主著の一つと目される『政治の弁
証』（1962年）という著書で、「政治」とは「妥協をともなう対立の調停
を旨とする公共的活動である」と述べています。すなわち、「政治」と
は、種々の異なった価値観や考え方が共存する状況において話し合い
（意見交換や討議）を通じて吟味し補正し合い、相互に自らの立場を修正
して合意形成を探求する行為様式ということになります。イギリスには、

昔から自由で批判的な意見交換や討議を重んじてきた伝統があり、よい意味での妥協や調停が尊重されてきた面があります。クリック委員会は、まさにそうしたイギリス固有の政治観を念頭におきながら、シティズンシップ教育のあり方について審議し、「クリック・レポート」を政府に提出したのでした。

シティズンシップ教育の内容と特徴

英語のシティズンシップは、なかなか日本語の用語で置き換えにくいところがあります。通常、市民権や市民の地位という言葉に翻訳されたり、市民性という訳語が当てられたりします。しかし、シティズンシップ教育という場合の市民は、そうした市民の権利や地位に根ざして、政治に能動的な関心と姿勢をもつ存在であることが想定されています。「クリック・レポート」は、市民の「政治的リテラシーの育成」、「社会的・倫理的責任」、「コミュニティへの関心と参加」を三つの主要テーマとして提示しました。

さてシティズンシップ教育の対象は、もちろんすでにある意味では初等教育（小学校）の段階から始められているのですが、公式にはイギリス全土の中等教育の生徒に向けられています。ですが、この教育は、2002年9月にまずイングランド、後にウェールズの中等教育において始められました。その後、スコットランドや北アイルランドにも普及していきます。イングランドとウェールズの公立（国立）の学校制度では、初等教育（6年間の小学校／5-6歳から11-12歳）と中等教育（5年間の中学校／11-12歳から16歳）に分けられています。近年までこの11年間が義務教育の期間でしたが、2015年からはそれが2年間の高校教育（16歳から18歳）にまで引き上げられました。高校教育では、生徒たちのうち大学進学希望者はその後さらに2年間の進学コースの高校へと進み、就職希望者は職業コースの高校へと進みます。シティズンシップ教育は、この中学・高校（中等教育と総称）の7年間にわたって、必修科目として生徒に提供されることになりました。以上は公立（国立）の中

学校と高校の場合ですが、他にいわゆる名門校のパブリック・スクール
を含む数多くの私立の中学校と高校に進む生徒もいます。そこでも個性
豊かな同様のシティズンシップ教育が行われています。

　シティズンシップ教育の目的ないし内容ですが、第一に生徒に「政治
的リテラシー」を付与することがそこでは試みられています。政治的リ
テラシーとは、クリックの言葉を借りれば、政治の理念と実際の運用に
関する「知識・技能・態度の複合体」ということになります。政治制度
や支配権力の実態とその運用、時々の政治的争点などに関する基本的か
つ十分な知識と情報、最も効果的であると考えられる解決法を判断する
能力、他者の意見や見解を十分に尊重し理解しようとする態度、自他の
見解の相違を認識し、意見交換や討議によって集約点と妥協点を模索
し決定する姿勢などです。こうして政治的リテラシーを身につけるとは、
争点や解決策についてオープンに思慮をもって討議に参加し、コミュニ
ケーションをはかり、物事を判断し決定する能力でもあります。

　第二にシティズンシップ教育の目的は、生徒に「社会的・倫理的責任」
を身につけてもらうことです。さらに「コミュニティへの関心と参加」
を生徒に促すことでもあります。政治参加への苦手意識を克服し、自分
たちのコミュニティへの参加の意義と責務を教えることにあります。こ
れは、クリック自身が重視した「市民的共和主義」ないし「参加民主主
義」の視点からも理解できる事柄です。市民が政治に能動的な関心と参
加意識をもつことは、デモクラシーの活性化の原点であると理解されて
います。

　しかし同時に、「クリック・レポート」は、参加至上主義の問題点を
も指摘しています。日々の仕事や暮らしに追われる普通の市民にとって、
投票以外の日常的な政治参加は容易ではありません。そこでクリックは、
第三番目の内容として、政府の実際の行動や政策遂行、支配権力の動向
を、注意深く監視することを市民の責務として挙げています。これは古
代ギリシアの市民のように十分なスコレー（余暇／時間的余裕）をもた
ない現代の普通の市民のあいだには、個人差があるものの、政治への忌

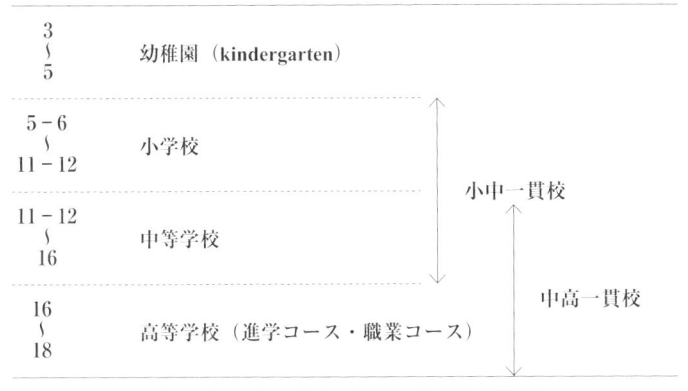

イングランドの公立（国立）学校教育制度
イングランドでは、就学年齢、教育システムにかなり自由裁量が
認められているため、おおよその流れを紹介してある。

避感の強い人たちも多くいます。ですから、政治参加の重荷を負わせる
ことには、十分に慎重でなければならないと考えられています。そうし
た場合、積極的な政治参加の代わりに、政治の動向を注意深く注視し監
視する市民の存在も、政府（統治）の民主的統制には必要不可欠なので
す。こうして政府の行動に十全な公開性や透明性さらには説明責任を要
請していくことは、参加に劣らず、善き統治の必要条件であると考えら
れているのです。

シティズンシップ教育の評価

2002 年 9 月に初めてイングランドに導入され、後にイギリス各地で
制度化されたシティズンシップ教育についての評価は一般的に高いもの
があります。若者世代の政治的リテラシーは、シティズンシップ教育が
施される以前に比べて、格段に上昇したという見解が表明されています。

2016 年 6 月の「ブレキジット」（Brexit ／イギリスの EU 離脱）を決め
たイギリスの国民投票の結果は、世界の人々を震撼させました。メディ
アとジャーナリズムによれば、高齢者世代と労働者階級が、イギリスの

27

EU からの離脱を支持したとされています。そうしたなかで、若者世代（18 歳から 24 歳まで）の 70％余りが EU 残留を支持したと伝えられています。しかしまた、若者世代の投票率が 50％に満たない地域も多くあったと報告されています。シティズンシップ教育の成果とその評価は、教育全般に言えることですが、かなりの時間的経過をへないと、確定しないものと理解する必要があるでしょう。

アメリカの政治教育と若者の政治的関心

　私は、日本の政治教育や民主主義的統治については十分な知識をもちあわせておりません。ここではアメリカの制度について多少とも説明し、その印象を記しておきたいと思います。アメリカの中等教育は州や学区によって多少の相違がありますが、K-12（ケー・トゥエルヴ）と呼ばれる、1 年間の幼児教育から高校（高等学校／ハイスクール）に至る 13 年間の一貫教育が行われています。そうしたなかで高校は、9 学年から 12 学年の 4 年間という州や学区が多く見られます。

　アメリカは、若い世代の政治的無関心（アパシー）の問題を、教育を通じて解決しようと試みてきました。私は現在 23 歳ですが、ノースカロライナ州の公立の高校時代（15-18 歳の 4 年間）には「世界史」、「アメリカ史」の授業に加えて、「アメリカ政府と政治」の授業を受けました。これら三つのクラスのなかで私自身の政治教育は、もっぱら三番目の「アメリカ政府と政治」のクラスで施されたと感じています。私自身の経験と観察では、こうした高校での教育を通じて一般的に政治への生徒たちの参加意識と自覚は強められていきます。ですが、若者とアメリカの民主主義の現状に関しては解決すべき多くの問題があります。

私の経験した政治教育
　前述の「アメリカの政府と政治」のクラスでは、地域や国の政治の実態を正確に観察することを教えられ、自分なりに評価することを学びま

す。こうした観察と評価の重要さの教えは、理科系の授業と似ていると思いました。このコースでは、二つのジャンルからの諸文献を必読書として読みました。第一のジャンルは、歴史的にも政治的にもアメリカの重要な時期に書かれたもので、18世紀末の建国の父たちの文献や独立革命期の重要な諸文献から一冊を選ぶことになっていました。記憶では私の選んだ書物は、アメリカが独立を宣言する半年前にトマス・ペイン（1737 - 1809）によって著された『コモン・センス』という政治パンフレットでした。これについて学び、発表し、ペーパーを書きました。

　第二のジャンルは、現代の書物やいくつかの雑誌や新聞（『ニューヨーカー』誌、『アトランティック』誌、『ニューヨーク・タイムズ』紙など）に掲載された話題のエッセイや記事などから選ぶ必要がありました。私は、現代アメリカ社会の大問題である銃の野放しのテーマと取り組みました。アメリカは、他の国々と比べてもいまだに若い国で、建国以来240年の歴史を厳密に学び、その歴史的文脈のなかで現在の政治的諸問題を吟味し検討していく必要があります。なかでも、日本のような安全な国々と異なった明白な一事例としてこの銃規制の不十分さがあり、これが久しく大きな問題となっています。現在の銃規制法の甘さは、「権利章典」に基づくアメリカ連邦憲法修正第2条、すなわち「規律ある民兵は、自由な国家の安全にとって必要であるから、人民が武器を保有しまた携帯する権利は、これを侵してはならない」（1791年施行）と密接に関連しています。18世紀末の社会事情から生じたこの「武器保有と携帯の権利」は21世紀初頭の現在まで生きのび、その是非がホットな争点として議論されています。このクラスでは、こうした現在のリアルな問題について生徒が学び、それについて発表し、討論します。そしてアメリカの二大政党制に見立てて生徒を二つのグループに分けて、議論したりしました。全体的にみて、生徒は国の政治が社会や人々の生活にどんなに密接に影響しているのかをよく認識できるようになり、これらの政治的争点についていろいろな角度から考え、また議論できるようになります。もちろん、生徒は、アメリカの政治全般に対して無関心になったり、その

現状に大きな幻滅を感じたりしています。しかし、政治制度やその運営が人々の日常生活に大きく影響することを深く認識することができ、アメリカの市民であるとはどういうことなのかについてよりよく考えることができるようになります。

政治への幻滅、しかし希望を保持することの大切さ

　今日、不幸なことに若者は政治に対して無関心になったり、シニカルになったりしています。一昨年 11 月にトランプ氏が大統領に選出されたことも、若者の政治離れに拍車をかけました。トランプ大統領は、大統領に就任してからも、自分の言動を抑制することがなく、多くの国民を困惑させています。同時に、一般的にはアメリカ政治の現状が、社会に分裂を生み出す仕方で推移していることで、政治に幻滅を覚えるということがあります。多額の赤字国債、同様に多額の貿易収支赤字、懸案の税法改正草案、連邦通信委員会（FCC）問題［インターネットの中立性原則廃止問題］、政治腐敗、多数のスキャンダルなど、アメリカには複雑で困難な問題が山積しています。若者は大人たちがこうした問題のツケを自分たちに丸投げするのではないかと不安になっています。また逆に若者のなかには、比較的に安全で安定した生活が当面営まれていることに満足し、政治への無関心を決めこんでいる人たちも大勢います。こうした状況も、つねに大きな変化にさらされています。

　しかし、私はアメリカの民主主義とシティズンシップ（市民の意識、地位、政治参加）の現状を過度に悲観的に描きたいとは思いません。現在の苦境から若者世代が教訓を学び、変革を求め、新しい政治の可能性を切り拓く可能性も豊かにあると考えています。自分たちの不満や義憤を声にして、政治をよい方向にもっていこうとする気運を作り上げていきたいと願っています。結局のところ、エリ・ヴィーゼル（1928 – 2016、アウシュヴィッツ強制収容所の体験を描いた『夜』『夜明け』などがある。1986 年ノーベル平和賞受賞。）が語っている通りです。「沈黙と無関心は、すべてのなかの最大の罪である。」

〔上記は、オデル氏の下記のエッセイの要旨を整理して翻訳したものです。
興味のある方は英語原文も読んでみて下さい。〕

Current State of Political Education
and Activism among Youth in America

Introduction

While I am not familiar with education of politics and democratic
government in Japan, I do hope to offer explanation and my impressions
about the American system. America has been attempting to solve the
problem of political apathy among the younger generations through
education. I am 23 years old now, but during my time in high school in North
Carolina it was required of students to take a world history course, a United
States focused history course, as well as a U.S. Government and Politics
course. I believe that through education political activism and awareness has
been improved. Yet, there are still many other problems to solve regarding
the current state of American democracy among youth.

1) Political Education I Experienced

When compared to other courses in the math or science departments, the
government course was actually quite similar. Where science courses have
experiments to explain concepts in an alternative method, the government
course has the ability to look at the current state of government and have
us evaluate it. As students, when we started the course we were required to
read two pieces. One piece was to be chosen from historically and politically
significant times in the U.S. such as the founding fathers. I remember
choosing a famous short essay or pamphlet by Thomas Paine, "Common
Sense". For a short explanation, it is simply a pamphlet written to advocate
American independence from Great Britain in 1776 written almost exactly
six months before the United States declared independence. For our second

piece, we had to read a contemporary book about any facet of the current state of politics.

Since America is still quite a young country when compared to our fellow countries such as Japan, it allows us to focus in depth on the two hundred and forty years that we have been a nation. By starting from the beginning with first person commentary, we can look at current political problems with context. An obvious example, which would stand out to safer countries such as Japan, is how divisive gun control laws and its relationship with the 2nd Amendment in the Bill of Rights. Throughout the course, we also were encouraged to read relevant political pieces in magazines or newspapers, such as the New Yorker, The Atlantic, or New York Times. Throughout the course we had the opportunity to address current problems and offer our own solutions. While I could go in to more detail, suffice it to say, as students we appreciated being able to tackle real world topics. Also, our class split into two major factions similar to how our government is run with the two-party system. Overall, our class inspired students to participate and thoughtfully consider how the government directly or indirectly affects our lives. I know, at least in the US, that students are often either apathetic towards the government or disheartened with the current state of politics. However, by focusing on how the political system affects us daily, we were able to think more about what it meant to be US citizens.

2) Disillusionment with Politics, Importance of Keeping Hope

Unfortunately, it seems that apathetic and cynical views are more common now among younger generations than ever before. Currently, America is trudging through one of the most divisive presidents in our history. Donald Trump. In an extremely surprising upset Trump defeated Hillary in a close race. Since securing the Presidency, Trump has not mellowed out as some people thought, but instead grown even more outspoken. At the same time, many other issues have been thrust into the spotlight. Whether it is the recent tax bill, FCC and Net Neutrality, or political corruption and scandals, these problems seem to magnify each other until younger generations feel utterly disillusioned. America's debt seems to continue growing with no end in sight, and the "adults" will end up leaving us to solve the problems. Or similarly, many youths don't take the time to learn about current politics because they are rightfully focused on their daily lives whether its sports teams, high school, university etc. Obviously, there are other reasons for political apathy among American citizens. One of which I believe is due to the fact that many Americans are lucky to live in a country which is relatively safe, stable, and consistent. Consequently, many younger Americans become accustomed to a life where they haven't experienced a political situation which directly impacts their daily lives. However, this is quickly changing.

I don't wish to paint a picture of US democracy and citizenship is in dire circumstances. I believe some good has come out of the recent troubles in the US. Blatant corruption within government offices has led towards an influx in activity and concern among the youth. In particular due to the overwhelming presence of youth on the internet, and the impending changes regarding how the US federal government classifies the internet, younger generations have taken up a new political issue which will be relevant to political platforms in the future.

Maybe the obvious divisiveness of current political circumstances will draw younger generations to care more about political issues. Or maybe it will even further discourage us from attempting to make changes. I have to say that as Americans, unlike some unfortunate countries, we at least have the opportunity to voice our discontent. Whether the current political climate will drive Americans to take action or retreat even further remains to be seen. But, at least I can do my part and protest if upset, celebrate change and progress, and continue trying. After all, to quote Elie Wiesel, "To remain silent and indifferent is the greatest sin of all."

ドイツの主権者教育

　日本では 2015（平成 27）年に公職選挙法が改正され 18 歳選挙権が実現しました。この法改正を受けて、2016 年 7 月 10 日に実施された第 24 回参議院議員選挙が 18 歳選挙権実現後の最初の国政選挙となりました。多くの高校 3 年生が選挙権を持つことになり、高校生に対する主権者教育のあり方がマスコミなどで話題になりました。

　これまでは「教育基本法」や「義務教育諸学校における教育の政治的中立の確保に関する臨時措置法」により、政治的な中立性確保の観点から、高校での政治教育は積極的には講じられてきませんでした。18 歳の選挙権実現を機に高校生に対する政治教育のあり方が変わるのではないかとの期待もあったかと思われます。しかし実際の教育現場では、教育委員会による選挙に関する出前授業などが行われた地域もありますが、まだまだ政治的中立性を求める意見が強く、欧米のような自由な政治教育あるいは積極的な政治参加を促すような主権者教育には至っていないようです。

ドイツの政治教育

　この点、今後の日本における主権者教育を推進する上でドイツでの政治教育のあり方が大いに参考になるのではないかと思われます。ドイツの主権者教育の特徴は連邦（国）と州がそれぞれ政治教育を実施する「政治教育センター（Zentrale für politische Bildung）」を設けて主権者教育に積極的に取り組んでいることです。

　「連邦政治教育センター」はワイマール憲法下でナチスにより議会民主主義が蹂躙されたという経験をふまえ、自由で民主的な秩序を守り強化するために 1964 年に連邦内務省に設けられたもので、次いで各州にも同様の政治教育センターが設けられました。

　このセンターの活動目的は、「政治教育を通じて、政治に関する理解

を促進し、民主主義の自覚を強化し、政治的な協働を強化する」（連邦政治教育センター令第2条）と規定されています。これをふまえ、政治教育センターは政治に関する知識を普及するために、すべての市民を対象とした書籍や週刊誌の発行、セミナーなどの催し物の開催、あるいはニュースレターなどの発出を行うとともに、主権者教育の実施機関を資金面で支援するといった活動を行っています。

　政治教育センターの活動で特に問題となったのが、実際の教育現場（授業）での政治教育のあり方でした。1970年代に表面化したナチスを支持する若者の台頭とそれに対する保守党（CDU/CSU）と社会民主党（SPD）との間の政治教育に関する対立が表面化しました。そこで、1976年秋に南ドイツのボイテルスバッハで、政治教育のあり方を検討するための会議が開催され、ボイテルスバッハ・コンセンサスが成立しました。これは以下の三原則より成っています。

⑴　押しつけ禁止の原則：教員は、自分の望む見解を生徒に、いかなる仕方でも押しつけてはならず、生徒の自主的な意見・判断の獲得を妨げてはならない。
⑵　論争隠蔽禁止の原則：教員は、学問上あるいは政治的に論争のある場合、授業でも論争のあることを明らかにし、生徒が相反する意見についても議論し、自主的に自分の立場と意見を選択することが身につくよう、配慮する。
⑶　生徒の関心尊重の原則：教員は、生徒が政治状況と自分の関心・利害を分析し、それをもとに効果的に政治に反映させることのできる実践的能力を獲得するよう、配慮する。

　2017年9月に行われたドイツ連邦総選挙では、ドイツ各地のギムナジウム（高等中学校）で政治科の授業の一環として、政党の候補者を招待して対話集会を開き、自由な意見交換が行われたと報じられています。ドイツの主権者教育においては、政治家との自由な討議を通じ政治的な思考力を養うとともに、民主政治のあり方を体得する仕組みになってい

るといえます。

ハンブルク州での主権者教育

　1949 年に成立したドイツ連邦共和国基本法（第 38 条 2 項）は、「満 18 歳に達した者は選挙権を有し、成年に達した者は被選挙権を有する」と定め、18 歳以上の者が連邦議会選挙で選挙権と被選挙権を持つことが認められました。これをうけて、これまでは連邦や州においても 18 歳選挙権が一般的でしたが、最近は、州レベルで 16 歳選挙権を認めるという動きが顕在化しています。例えばハンブルク（特別市で州の扱い）は、2013 年に選挙権を 18 歳から 16 歳に引き下げ、2015 年の議会選挙から実施に移しています。

　ハンブルクの「州政治教育センター」も上にあげた連邦教育センターと同じような活動をしていますが、2015 年の州議会選挙を前にハンブルクで主権者教育の主体となったのは "It's your choice（君たちの選択）"と呼ばれる選挙教育ツアーです。このツアーを運営している「ドイツ選挙教育エージェント・若者」は民間の団体ですが、連邦や州の政治教育センター、あるいは議会からの支援を受けて、ハンブルクのギムナジウム（高等中学校）の上級生（16 - 18 歳）を対象に政治教育活動を行っています。日本では考えられないことですが、"It's your choice" は実際に州や市町村の議会で活動している議員や政党関係者などをギムナジウムでの対話集会に招待し、ギムナジウム上級生との対話を試みています。もちろん、ギムナジウムの生徒は対話集会の前に、与えられたテーマについて学習し、その成果に基づき自分の考えを表明することが求められます。

　ギムナジウムの生徒はこのような対話を通じ、地域政治の実態に身近に触れるだけでなく、対話の議題も地方の政治や社会の問題から国際的に話題となっている環境問題や経済問題まで幅広いことから、選挙での政党選択に必要な知識を得ることができると言われています。

　16 歳といえば日本の高校一年生に該当しますので、ドイツでの政治

教育の先進性は驚くばかりですが、驚くべきはむしろ生徒の自主性を重んじつつ、成人として当然持つべき社会的な関心と知識を積極的に涵養し、社会への参加を促す教育政策にあると言えるでしょう。

　ドイツではもともと基本法第21条2項の規定により、ナチ党や共産党は「自由で民主的な基本秩序を侵害し、ドイツ連邦共和国の存立を危うくすることを目指すものとして違憲」との扱いを受けており、政党そのものが禁止されています。しかしながら、2017年9月のドイツ連邦選挙では、難民の大量受け入れを契機に民族主義的傾向を持つ「ドイツのための選択肢」という政党が大幅

**16歳選挙権開始のための
ハンブルク市パンフレット**

「みなさんは、連邦や地方議会選挙に参加すること、国民表決や地区住民表決で投票することが認められます」と書かれている。

な躍進を見せました。このような政党は違憲と判断されていない以上、連邦や州の政治教育センターを通じて主義・主張を広報することが可能です。自由民主主義を擁護するために行われている主権者教育を受けたドイツの若者が、このような動きに対してどのような政治姿勢とるのか興味深い問題です。この点については今後の調査や研究を待つ必要があると思われます。

3　民主制のもつ影の面

「どのような政治が行われるか、その責任は私たち一人一人にある」とのせりふが、選挙のたびに新聞やテレビなどのメディアで繰り返されるので、また同じお説教かと、うんざりして聞き流してしまいたくなるかもしれません。しかし、第Ⅰ部の2「民主政治とは何か」でも、すでに触れられていますが、最善の政治体制と信じ受け入れられている民主制のもつ影の面についてもしっかりと考えておきたいと思います。

アテネの直接民主制とプラトン

　はたして民主制は理想的な政治を実現することができるのでしょうか。過去の例を取り上げてみます。みなさんよくご承知のように、民主制は古代ギリシアの遺産です。ペルシア戦争（前500－前449）の勝利後、ペリクレス（前495頃－前429）が執政となった時代、アテネでは直接民主制が完成されたといわれます。歴史家トゥキュディデス（前460／455－前399頃）は『（ペロポネソス）戦史』の中で、ペリクレスの国葬演説を誌しています。これは自国の民主制をたたえ軍国主義スパルタをおとしめる、政治的プロパガンダですが、そこで実現していると自賛される民主制は、少なくとも今日でも理想とされる要件 —— 自由・平等、ただし悪平等に流されることのない能力主義、言論の自由、各人の家業ばかりでなく政治にも携わる能力 —— をそなえていることになっています。この歴史家は「その名は民主主義と呼ばれたにせよ、実質は秀逸無二の市民による支配であった」と評価しています。

　ところが哲学者プラトン（前427－前347）は師ソクラテス（前469－前399）の口を借り、ペリクレスたち評判の高い政治家を「国家の必要なもの —— 港湾、ドック、城壁、他国からの貢納金など —— を調達する下

僕としての働きでは優れていた。しかし、国の内部は膿み爛れてしまった」と痛烈に皮肉っています。（現代風にいえば、軍備の拡充、資源の確保、外貨の獲得などは召使の仕事であり、政治家本来の務めではない、政治家の務めは国家の健康をまもることにある、ということになるかもしれません。）

　そしてプラトンは、民主制そのものを、堕落した政体として批判します。この哲学者によれば、国制はそ

ソクラテス
「けっして不正を行ってはならない。不正を受けた場合でも、不正・害悪を返してはならない」（プラトン『クリトン』より）。

の国に住む人間たちの性格に基づいて生じてくるもので、国制の傾向、すなわち政治のありようは住民の性格が決定すると申します。（日本の政治の姿も私たち国民の性格を写しているのでしょうか。）民主制の国家では、自由、なんでも話せる言論の自由、自分の思いどおりのことを行える放任主義、国の秩序を無視する無政府主義、欲望の充足に走る快楽主義、さらに傲慢、無統制、浪費、無恥が充満することになると警告します。

　そればかりではなく、プラトンはさらに民主制が僭主（タイラント）独裁制へ移行する過程を描いてみせます——

　　人々は、自由こそ民主制の国家のもっている善きものであり、生まれついての自由な人間の住むに値する国は民主制の国だけである、と信じている。こうした強い自由の酒に酔った国民は、少しでも自由を制限するような骨のある政治家が現れるようなことがあれば、こぞって非難迫害し追放する。自由の風潮は家庭内にまで浸透し、子どもは両親の前で恥じる気持ちも畏れる心もなくなり、親は子どもを恐れるようになる。先生は生徒のごきげんをとり、生徒は先生を軽蔑する。年長者は若者に権威主義と思われるのをおそれ、

機知や冗談を連発する。ついには、飼い犬は女主人のように振る舞い、馬やロバまで町なかをいばって歩き、人間が道をゆずらなければならないようになる。(プラトン先生ちょっとヒステリックですね。)

　こうして自由の風潮が行き渡ると、書かれた法も不文の法もすべて抑圧を加えるということで、無視される。働こうとせず、他人の財産を食いつぶそうとする雄蜂のような連中の中から、大衆の味方と称して民衆指導者が登場する。

　彼は財産をもっている者たちから財産を取り上げ、こっそり着服しながら、残りを民衆に分配する。相手が抵抗すれば民衆の敵として追放する。彼はこうして民衆を手なづけ、何でも自分の言うことをよく聞く群衆をしっかり掴み、敵対者からの攻撃から身を護るための親衛隊を結成する。彼は民衆指導者であることをやめ、独裁者（僭主、タイラント）となる（プラトン『国　家』ポリーテイアー 第8巻、555B〜566B、要約）。

以上はプラトンの描く民主制から独裁制への流れのあらましです。ここには民主制にひそむ危険性 —— 利益誘導による人心収攬しゅうらん、扇動政治家の出現、独裁的タイラント登場への流れ —— が不吉にも予感されていると思いませんか。

ヒトラーの登場

　プラトンの極端とも思える民主制にたいする不信感が、およそ2300年を経て現実のものとなったのではないかと思わせるできごとがあります。20世紀ドイツでのヒトラー登場とそれに続いたナチスの独裁的支配、第二次世界大戦への歩みです。みなさんは「世界史」で学ばれた、あるいは学ばれると思うので深くは立ち入らないことにします。ただ知っておいていただきたいのは、第一次世界大戦（1914-18年）終了時のドイツ帝国崩壊を機に成立したドイツ共和国（ワイマール共和国）の運命です。

大戦末期の厭戦気分の中での革命の結果生まれたワイマール憲法は、主権在民、男女平等の普通選挙、言論・結社の自由などをはじめ、最も民主的と考えられました。ところが、結果としては小党乱立を招き、連立政権は次々変わり、政策決定もままならない状態が続きました。こうした状況のなか、大戦の敗北の原

日独青少年交歓会

1936（昭和11）年、日独防共協定成立、日本の青少年団とヒトラーユーゲントとの相互訪問が実現した（『日独青少年団交歓記念』昭和14年11月刊）。

因にユダヤ人の財閥がありこれを排除せねばならない、ドイツ国民こそ世界に冠たる民族で世界を統一して治めるべきである、との主張をもとに民心に訴えたのがヒトラーでした。さらに第一次世界大戦の莫大な賠償金にたいする国民の不満、1929年に襲った世界大恐慌による物価高騰、政治的混乱のなかヒトラーの率いるナチ党が躍進、1932年、ときの大統領ヒンデンブルクのもとでヒトラーは首相に任命され、翌年にはヒンデンブルクの死去を機に、大統領と首相の職務を合体させて独裁体制を確立したのです。首相就任の施政方針演説で、国際協力と平和外交、ワイマール憲法の遵守と基本的人権の擁護、多党制の維持を示しながら、実現したのは、徹底した言論統制と親衛隊や秘密警察の暴力的圧力による、事実上の独裁制でした。ベルリンオリンピック開催による世界的国威発揚の後に来たのは、ドイツ人の生存圏の確保を口実に始まった第二次世界大戦、ユダヤ人にたいするホロコースト（大量虐殺）、そして、1945年ドイツの全面降伏、ヒトラーの自殺でした。

さて、以上の流れは膨大な研究を無視して通俗的にまとめたものです。が、プラトンの描いた民主制から僭主（タイラント）独裁制への流れと

の符合には、目を見張らされるのではないでしょうか。もちろん時代背景、社会情勢、国際関係、経済問題、民族問題などなど、まったく違います。それを無視してプラトンをひきあいに出すなどとはとんでもないと思われるかもしれません。しかし、ヒトラーがひきいるナチ党は、もっとも民主的とされた憲法のもとでの国政選挙によって第一党にまで上りつめたのです。つまりヒトラーたちを選んだ選挙民が多数いたということです。現代からみれば、悪夢としか思えないかもしれませんが、有権者の一票一票がヒトラー独裁を生んだのです。

　極端な例かもしれませんが、私たちの判断力と一票が持つ重みをこころに留めておきたいと思います。

【コラム】　プラトンの処方箋

　〔人間の本性が変わらないかぎり第二、第三のヒトラー的なものが生まれてくるおそれがあることを警告する人々がいます。防ぐ手はないのでしょうか。〕

　上に紹介した民主制批判だけを見ると、プラトンは当時の政治に絶望していたと思われるかもしれません。しかし、決してあきらめていたわけではありません。いえ、むしろ生涯をかけて、理想の国家（哲学者加藤信朗は「最善の市民共同体〔または人類共同体〕」と呼ぶ）の実現を目指して哲学の道を進んだのです。その証拠に、壮年期の著作『国　　家』では理想の政治を実現するための処方箋を示します。有名な「哲人政治論」です。

　　哲学者たちが国々において王となって統治するのでないかぎり、あるいは、現在王と呼ばれ、権力者と呼ばれている人たちが、真実にかつ充分に哲学するのでないかぎり、すなわち、政治的権力と哲学的精神とが一体化…されるのでないかぎり、…国々にとって不幸

のやむときはないし、また人類にとっても同様だとぼくは思う（『国家』第5巻、473d、藤沢令夫訳）。

この主張にはプラトンの貴族主義、特権階級の支配欲、全体主義的要求が暴露されている、と攻撃する学者がいます。が、よく考えてみると、民主制も主権をもつ市民一人一人が哲学者となり、魂を立て直して（哲学者齋藤忍随の解釈、『プラトン』講談社、1982年）、政治に参画するならば、理想的な政治を実現することができる、という可能性も認められることになるのではないでしょうか。

プラトン

「理想のポリスの模範は天空に奉納されている。それを見ながら自分の中にポリスを建設しようと望む者のために」（『国家』）。
〔ローマ、テルメ博物館蔵、眞方忠道撮影〕

プラトンがこのような民主的な考えを持つことは決してなかったと批判されるかもしれません。しかし、最晩年の著作とされる『法律（ノモイ）』でプラトンは、市民の教育、とくに子どもの教育の重要性を重視します。彼の胸中にあるのは、「国家とは自由なもの、思慮あるもの、みずからのうちに友愛を保つものでなければならない」との信念です。たとえばプラトンは、音楽教育（体をリズミカルに動かす体育教育も含む）が、胎児からはじまり、赤ん坊、児童、少年少女、さらに年長に至るまで重要な役割を果たすと主張します。この教育は節制と勇気をはじめ徳をそなえ自由、思慮、友愛をそなえた市民（国民）を育てる、言い換えると市民の魂を立て直すのが目的です。少なくとも『法律』では、一般市民すべてが理想の市民となることが期待されているのです。もちろん最終的には再高の信頼を得る人々（哲学者と推定されている）が出てきますが、『国家』に描かれるような特別のエリート教育は出てきません。市民（国民）一人一人が哲学者となりうることが含意されているのではないかと思わ

れます。つまり、現代の私たちの立場にひきあわせると、私たち一人一人が哲学者となって政治に参画するならば、理想の政治を実現することができる、とプラトンの主張を敷衍することができるのではないでしょうか。

　でも、哲学っていったい何だ、と質問が出されることでしょう。それが分からなければ、いくら哲学の効用をいわれても、自分とは何の関係もないことと背を向けたくなるでしょう。そこで答えは ── 今、私たちは、「日本はどのように進むべきか」とか「私たちはどのような生活を求めるのか」「幸福とは何か」など一緒に考えようとしていますが、これが哲学の営みの始まりなのです。もちろん何か答えを考えた場合、それが独りよがり、独断でないことを示すというのも、哲学のいとなみになりますが、今はみなさんと一緒に考えていくこの歩みが哲学なのだと受け止めていただきたいと思います。

4 立憲主義とは何か？──民主主義をまもるために

立憲主義っていったいなんだ？ これは民主主義より少し難しいかもしれませんね。しかし、ときおり立憲主義は「法の支配」と言い換えて説明されることがあります。これだと分かりやすいですね。歴史的には地球上のほとんどの国で、19世紀半ば頃までは君主であれ、独裁者であれ、一人ないし少数者の支配、「人の支配」が行われていたのです。それでは独裁や専制になりやすいということで、次第に具体的な人や少数者ではなく、間接的に「法の支配」によって代替すべきであるという考え方が、支持されるようになりました。そしてこの「法の支配」に支配者も従うという統治形態へと変わっていきました。そのためには、西欧の一部の国では市民革命が起こり、絶対君主を恣意的な支配の座から引きずりおろすという荒療治が行われたのでした。西洋近代においていち早く「人の支配」から「法の支配」への展開が生じたのでした。その原動力となったのが立憲主義なのです。英語では constitutionalism という仕組みです。この用語の元となる constitution という言葉は、憲法と統治体制という二重の意味をもった言葉です。

立憲主義の歴史

立憲主義の出所は、近代では西欧の国々でした。西欧諸国の多くは、初期近代においては長く絶対君主制の時代を経験しました。「人の支配」である絶対君主制が、次第に「法の支配」である立憲君主制に転換していくということが起こりました。イングランドの場合ですと、絶対君主制は17世紀半ばから末にかけて終わっています。イングランド最後の絶対君主は、チャールズ1世でした。彼が処刑されたのは、ピューリタン革命期の1649年のことです。フランスの場合は、ルイ16世が最後の

絶対君主でした。彼は 1789 年のフランス革命の勃発によってその地位を失い、1792 年に処刑されました。絶対君主の治世において、ルイ 14 世は「朕は国家なり」という有名な言葉をのこしています。これは君主の意見が国家であり、法律であり、政策であるという意味です。これは紛れもない「人の支配」ですが、これだと恣意的統治に傾きやすく、独裁や専制といった暴政が起こりやすいことは言うまでもありません。イングランドの 17 世紀の二つの革命（ピューリタン革命と名誉革命）と 18 世紀末のフランス革命の苦く凄惨な経験を踏まえて、この「人の支配」から「法の支配」への移行がなされたのでした。「法の支配」は、ここでは憲法を最高法規とする一連の法体系に基づく統治を意味しました。そうしてできたのが立憲君主制でした。立憲君主制下では君主権力への抑制と均衡をはかる議会の強化がもたらされ、また法の下での平等が保障されるようになりました。このようにして、絶対君主制の恣意性と専制の危険を克服していく道筋が整えられていきました。日本でも大日本帝国憲法（別名、明治憲法、1890 年）も、立憲君主制の形態をとっていますが、同時に絶対君主制の要素も色濃く見られたことは周知の通りです。すでに指摘されたように、たとえば第 3 条では「天皇ハ神聖ニシテ侵スヘカラス」と規定されていました。

　しかし、立憲主義の歴史はもっと古くにさかのぼります。その萌芽は、近代世界への直接の影響という観点からみた場合、古代世界の三つの系譜が想起されます。第一の系譜は、古代イスラエルの紀元前 8 世紀の預言者たちの契約思想です。第二の系譜は、紀元前 6 世紀以降のギリシア古典期の自然法思想や契約思想です。そして第三の系譜は、紀元前 6 世紀末以降の共和制ローマとそこで発展したローマ法です。その後、中世時代 13 世紀のイングランドにおいて制定された「マグナ・カルタ」（大憲章／ 1215 年）が、近代立憲主義の起源の一つであったことに異論はないと思います。イングランドの法曹家ヘンリー・ド・ブラクトン（1216 - 68）は、マグナ・カルタの発布を偉大な「自由の構成」と呼んで称賛しました。マグナ・カルタは、当時の貴族階級や大地主の一

「マグナ・カルタ」リンカーン大聖堂写本のレプリカ

部の権利の承認にすぎませんでした。しかし、この「自由の構成」としての立憲主義の理解は、初期近代の人権宣言や憲法の展開の基本線として理解されるようになりました。こうしてこの1215年の法文書は、近代立憲主義の一つの輝かしい源流として位置づけられました。

　近代立憲主義は、市民革命期の幾多の重要な法文書によって動的な展開を果たしていきました。それらは、たとえばイングランドの「人民協約」（1647年）と「権利請願」（1689年）、フランスの「人間と市民の権利宣言」（1789年）と「第一次共和政憲法」（1793年、未実施）、アメリカの「独立宣言」（1776年）と「アメリカ連邦憲法」（1787年）などです。こうして立憲主義は、第二次世界大戦を経て「国連憲章」（1945年）、「世界人権宣言」（1948年）、また「日本国憲法」（1947年）といった具合に飛躍的な展開を果たしてきました。

　この「自由の構成」（ブラクトン）という意味での中世以降の立憲主義の機能として、二つの面が同居していることに気づきます。一つは立憲主義のリベラル・モメント（自由主義的契機）とでも呼べる面で、支配権力の制限という機能です。これは上述の歴史的経緯からも理解しやすいところです。もう一つの機能は、コンスティテューティヴ・モメント（構成的契機）と名づけておきたいと思います。これは、国の形や方向性を表現する立憲主義のもう一つの面、言葉を換えれば、統治権力の創出

の機能と表現できると思います。社会主義憲法でしたら、経済的平等や労働権の保障など、社会主義的な価値や方向性が強く憲法を通じて打ち出されるでしょう。日本国憲法の場合は、主権在民、基本的人権の保障、平和主義という三大原理を保持しており、そのような国のあり方と方向性を表現している憲法だと言うことができます。こうして立憲主義には、こうしたリベラル・モメントとコンスティテューティヴ・モメントの双方が見られるわけです。

現代の立憲主義

さて現代において立憲主義はどのような形態をとっているでしょうか。立憲主義の基本的意味は「法の支配」でよいとして、しかし現代ではその意味合いは多種多様な事柄を含むようになっています。それらの事柄を列挙してみると次のようになるかと思います。

(1)最高法規としての憲法の位置づけ

(2)法による支配権力の制限と三権分立の原則

(3)支配権力の恣意的行使に対する諸個人の自由と人権の保障

(4)人民主権に基づく統治権力の創出と制度化

(5)立法、法の内容、法の適用において公正さを要求する適正手続き（デュー・プロセス）の原則

(6)支配権力の恣意的行使に対する司法部（裁判所）のコントロールおよび違憲審査制

(7)価値の多元化状況における公共的秩序の中立的および統合的機能

これらの事項一つひとつが詳細な説明を必要としているかもしれません。ここでは一つのことだけを申し上げておきたいと思います。それは、立憲主義とはたんに政府や国会や裁判所にかかわるだけでないということです。立憲主義は、私たちの日々の社会生活に直接に関連しています。それは後に取り上げたいと考えている日本国憲法第25条が規定する文

化的生存権や社会福祉の問題などは、まさに私のたちの日々の生活や仕事に直結するテーマです。

それともう一つ、上述の(5)の適正手続き（デュー・プロセス）の尊重です。これもまた私たちの日々の社会生活や仕事などにもろにかかわってくる事柄です。デュー・プロセスを履行するとは、物事を決定する時に要求される適切かつ公正な手続きを一つひとつ踏む必要があるという意味です。それは、いわば集団生活、組織生活の「共生の作法」を言い表しています。これは会社などでも日常的に遵守されなくてはならない手続きです。皆さんの学校生活、とくに生徒会の運営やクラスの運営などでも、デュー・プロセスは日々大事になってくるもの、よき運営のために不可欠なことだと思います。自分の属する会社や組織や学校や団体などには、必ずその組織や会議などを円滑に公正に運営していく取り決めや規程のようなものがあります。こうした規程や規範に依拠していくことで、すべての決定や決済が適正かつ円滑になされていきます。さらに直接に該当する規程がない場合でも、その組織のメンバーが、「法の精神」と言いますか、「規程の趣旨」というものを適切に理解し、それを「心の習慣」にまで磨き上げていくことで、その組織体の運営は公正さと効率性とを飛躍的に高めていくことにつながります。これは、「遵法精神」の体得というか、よい意味での「リーガル・マインド」の涵養と密接に関連していると言うこともできます。

こうして立憲主義は、それぞれの国の社会生活、法文化、政治文化のなかに確固として位置づけられる必要があります。それはまた、同時に一種の精神性として民主主義社会の住民の「心の習慣」となっていくことが好ましいのは言うまでもありません。それはその意味では一箇の課題ともなります。民主主義もそうですが、人権や立憲主義は、受け取ればそれで終わりではなさそうなのです。人権と立憲主義は、民主主義社会の住民には獲得の努力を不断に要請される「未完のプロジェクト」だと言うこともできそうです。日本国憲法の第12条前半部と第97条の以下の規定は、そのような意味にとれそうです。

第 12 条（前半部）　この憲法が国民に保障する自由及び権利は、国民の不断の努力によって、これを保持しなければならない。

第 97 条　この憲法が日本国民に保障する基本的人権は、人類の多年にわたる自由獲得の努力の成果であって、これらの権利は、過去幾多の試錬に堪え、現在及び将来の国民に対し、侵すことのできない永久の権利として信託されたものである。

現代の一つの問題としては、民主主義社会でも各分野（政治・経済・行政・軍事など）の権力エリートの支配としての寡頭政（オリガーキー／少人数支配）が強まる傾向が見られることです。そうなりますと、「法の支配」による支配権力の縛りが弱くなり、立憲主義と民主主義が機能不全におちいってしまいます。これは、古くからの民主主義社会、まだ民主主義の歴史の浅い社会でも、21 世紀初頭の世界の国々が直面している大きな難題です。残念ながら、日本もその例外ではありません。ここでは憲法のリベラル（自由）のモメントが問われてくるわけです。

今日の争点としての 9 条改憲問題

安倍晋三首相は、第一次安倍内閣（2006 年 10 月 – 2007 年 9 月）を担った時から一貫して「戦後レジームからの脱却」を掲げていました。これはすなわち、国内政治においては日本国憲法のとくに前文と 9 条に出てくる平和主義の原理 —— しばしば徹底的平和主義とも呼ばれています —— への違和感と懐疑を表明していました。それでは憲法 9 条はどのような内容になっているのでしょうか。

第 9 条 1 項　日本国民は、正義と秩序を基調とする国際平和を誠実に希求し、国権の発動たる戦争と、武力による威嚇又は武力の行使は、国際紛争を解決する手段としては、永久にこれを放棄する。

第 9 条 2 項　前項の目的を達するため、陸海空軍その他の戦力は、これを保持しない。国の交戦権は、これを認めない。

　第二次安倍政権以降（2012 年 12 月）、安倍政権はすでに 5 年を越える長期政権となっています。この政権の目下の課題は、「戦後レジームからの脱却」の主要な目標としてあった日本国憲法の改正です。そしてその改憲の本丸は、9 条改憲です。自民党は、2012 年 4 月に自民党憲法改正草案を公表しました。そして安倍首相は、2017 年 5 月 3 日に 9 条 1 項と 2 項をそのまま残して、3 項で自衛隊の地位を明確に規定するという 9 条改憲案を提起しました。その結果、2017 年 12 月 20 日に自民党は、改憲のための「論点取りまとめ」骨子案を提案しました。9 条改憲に関しては、(1) 9 条 1 項・2 項を維持した上で自衛隊を明記する案（安倍首相提示の案）と、9 条 2 項を削除し、自衛隊の目的・性格をより明確化する案（2012 年憲法改正草案による案）の両案併記で今後とも議論を深めるとしています。2018 年以降、自民党は党内でこの議論を深めると共に、国会で審議し、2020 年あたりを目標に改憲の是非を国民に問う「国民投票」にかけるという方針で臨むものと思われます。このように、今やまさに改憲問題は、国会内でも社会全体においても「関ヶ原の合戦」を迎えようとしていると言っても過言ではないでしょう。これは、ブルース・アッカーマンの用語を使用しますと、「通常政治」から、国政の基本法・統治構造・基本政策の是非を国民レベルで問題にするいわゆる「憲法政治」（アッカーマン）の段階に入ったことを意味します。

　そしてここで国民一人ひとりに問われているのは、将来の日本の政治の形と方向性、つまり政治の理想ないし理念をめぐる選択の問題です。これは、憲法のコンスティテューティヴ（構成）の側面にかかわります。現在、おそらく改憲問題をめぐっても、いくつかの選択が提示されていると見ることもできますし、今後も出てくるかもしれません。しかし、ここではあえて読者の皆さんの思考を促すために、筆者の観点からざっくりと二者択一の問題として提示してみたいと思います。つまり、(1) 現憲法に流れ込んでいる「小国平和主義」（中江兆民、植木枝盛、内村鑑三、石橋湛山、田畑忍らを通じて、また戦争の惨禍の経験を通じて被爆者の会や九条の会など戦後の平和主義に受け継がれてきた理念）を、憲法平和

主義に基づいてさらに展開し活性化させていくのか（活憲）。あるいは、⑵現政権が追求しているように、自衛隊を自衛軍ないし防衛軍に格上げし、軍事力の増強につとめ、日米同盟を基軸とした軍事的抑止力の最大限の維持を通じて東アジアや世界の秩序形成に貢献していくのか（改憲）。こうした二者択一が、立憲主義のテーマとして、日本の将来の政治のヴィジョンを模索する時に各人に問われてくる問題です。若い皆さんの世代はとくに、この二者択一の問題をさまざまな観点から吟味検討し、各人、日本の将来の国のあり方を決めていく課題に取り組んでいってほしいと強く願うものです。

5　世界の進路・日本の進路

本書の「プロローグ」で述べたように、現代は地球一体化（グローバリゼイション）の進む時代です。地球は一隻の宇宙船にたとえられます。すべての国々はこの宇宙船の乗組員です。この宇宙船が宇宙の海を安全に航海して行くには、乗組員がそれぞれの持ち場にあって務めを果たして行かねばなりません。決して内乱などが起こってはならないのです。——このようなことを聞かされると、理想として述べるのは簡単だが、空理空論、夢物語にすぎない、と切り捨てたくなることは確かです。しかし、実現不能と思われるからといって、理想を棄ててしまってよいものでしょうか。むしろ、理想の実現に一歩でも近づく努力の中にこそ生き甲斐があるのではないでしょうか。

さて、では具体的に理想を実現するためにはどのような一歩から始めたらよいのでしょう。それには今私たちのおかれている状況と「私たちに課された問題群」を、まず知っておく必要があります。そのうえで「世界の進路・日本の進路」について考えてみたいと思います。

私たちに課された問題群

私たちが直面している問題を大づかみにまとめてみると、次のような項目をあげることができます。（まだ他にこんな問題だってあるではないか、とみなさんが気づかれたら友達と議論してみてください。）

経済成長について

私たちの生活は、経済活動によって支えられていることは否定できません。政治家、財界人はなんとかして「国益」「社益」を拡大しようと日夜、知恵をしぼっているといっても過言ではありません。国ないし会

社の利益をあげることにより、国ないし会社を豊かにし、その結果、国
民や社員の所得を引き上げ、生活を豊かにすることができるというシナ
リオが考えられているのです。

　しかし、経済的に豊かになれば、私たちは満ち足りた生活を楽しむこ
とができるのでしょうか。確かにお金がなければ衣食住を満たすことが
できないのが現実です。だからといって、衣食住が満たされれば、心安
らかな人生が約束されるのでしょうか。ちょっと考えただけでも私たち
の日常生活は、いろいろな不満や不安、心配をかかえながら営まれてい
ます。若いみなさんにはちょっとピンと来ないかもしれませんが、結婚、
子育て、病気、老後のことなどを考え始めると、現在の日本の社会制度
の中では安心できないと感じている人が非常に多いはずです。それこそ
経済成長により国庫を豊かにすればよいではないか、と考えたくなるか
もしれません。しかしその使い道が問題です。国土の防衛を重視した予
算を組むのか（明治維新以降大日本帝国は富国強兵に邁進しました）、教育、
厚生福祉、弱者救済に重点をおいた予算を組むのか。政治家や官僚の目
指すものが何なのかによって、私たちの不安の解消は大きく左右されま
す。ここで言いたいことは、経済成長は手段であってそれ自体は目的で
はないということです。つまり獲得した富を手段として、何を実現させ
るのかが問題なのです。筆者は、なるべく多くの人々の心が満たされた
平安な生活（しあわせ）を実現させるのが目的ではないのかと考えます
が、みなさんは何を目的とされますか。とにかく、やみくもに経済成長
を求めるのではなく、何を目指し何のために求めるのか、考え直してみ
る必要があるのではないでしょうか。

経済成長と国際競争

　さて以上、経済成長は国を豊かにするとされる面に光を当てて議論を
すすめてきましたが、経済成長追求に影となる面はないでしょうか。経
済成長が信奉される現在、当然世界中の国々が、経済成長を競い合う
ことになります。地球一体化（グローバリゼイション）が進む今日では、

その際公認されているのが市場経済です。これは、各国が所有している財やサービスを、市場を通じて自由に売買することにより、最適な資源配分をはかる経済体制とされます。しかし、もし各国が自国の国益だけを優先しようとすると、なんとしてでも販売競争に勝たねばなりません。各国は、競って埋蔵資源、原材料、安い労働力の確保に走り、商品の価格、品質競争にしのぎをけずります。もちろん現代はグローバル経済の時代です。各国は互いに協力しあい支えあって経済活動を調整しながら進めるためにいろいろな世界会議が開催されています。しかし、途上国の開発援助、インフラ整備などの名目で資本を投入しながら、相手国の資源や市場を優先的に手に入れようとする国が出てきたらどうなるでしょう（実はこれが現実の外交政策の実像です）。他の国々も指をくわえて見ているわけにはいきません。ここでは激しい競争が繰り広げられることになるでしょう。二度の世界大戦はこうした競争を解決しようと当事国が武力に訴えたことが一因とされます。もはや時代が違いこのような愚かなことが繰り返されることはないと信じますが、横紙破りのような国が自国の国益だけを優先させ経済成長を求め一人勝ちするようなことがあれば、貧富の差は拡大し、虐げられた国々の怒りが爆発し人類破滅の危機に直面してしまうでしょう。本来経済市場の役割はすべての国々がバランスよく資源、原料、労働力を配分しあい、助け合うところにあるはずです。自由競争に任せておけば自然にうまくいくなどというのは独断です。各国が節度を守り、互助、協同、共生を目指しあうことではじめて、本当の経済活動が実現するのではないでしょうか。すべての国々にとって適切な経済成長とは何か、を考えてみる必要があります。倫理を置き忘れた経済成長は人類破滅の危機をはらんでいることを、肝に銘じておきたいと思います。

大量生産、大量消費、大量廃棄、環境破壊

　産業革命を機に、人間のさまざまな欲求を満たし、生活を豊かにすることを旗印に歩み続けてきた科学技術は、20世紀を通じて飛躍的に発

展し、高度工業化時代を迎えました。これは均質の商品を大量に安価に生産することを可能にし、私たちのまわりには商品があふれるようになりました。と同時に、それを消費してもらわなければ、生産者は、破産してしまう恐れがでてきました。そこで生産者は手を変え、品を変え流行をつくります。消費者は流行に後れまいとして次々に品物を買い替えます。そこで生じるのは、大量消費です。そしてまだ十分使用可能な品物が大量に廃棄されることになります。そこで起こるのは大量のゴミによる環境汚染です。一方大量生産は大量の資源を必要とし、少なくとも先進国と呼ばれる国々では、これがあたりまえのこととなっています。しかし、ローマクラブ（資源・人口・軍備拡張・経済・環境破壊などグローバルな問題に対処する目的で設立された）が、すでに1972年に地球が有限であることを前提に対処しなければならないことを指摘しています。私たちが欲求するままに消費生活をつづけるとすれば将来世代の人々はどうなるのでしょう。たとえば、石炭、石油などの化石燃料が枯渇することが確実視されています。枯渇するまでに化石燃料に代わるエネルギー源が開発されればよいなどと楽天的に無責任に現在世代が過ごしてよいのでしょうか。そればかりではありません。私たちが快適な生活を送る中、二酸化炭素をはじめさまざまな温室効果ガスが排出され、地球温暖化が進み、海面が上昇、人間の居住空間が大量に水没すると想定されています。（自然の生態系の破壊、ある種の動植物の絶滅などというまでもありません。）

　こうした地球温暖化を防止するための国際会議が開かれ、気候変動枠組条約の締結が試みられてきました。その趣旨に各国は賛成しますが、温室効果ガス削減をめぐっては先進国と発展途上国との間で意見の対立が避けられません。これまで化石燃料を使い放題だった先進国が、これから生活向上を目指す発展途上国にたいしても削減を強制するのか、という反感には同情したくなります。技術革新によって温室効果ガスの排出を抑える、あるいは太陽再生エネルギーの利用を高度化するなど対策がすすめられていますが、化石燃料なしで人類が生活を続けることは不

可能とされています。ここでも各国が節制をもって、互助、共生を実現しなければ持続可能な未来は約束できないのではないでしょうか。（原子力エネルギーの利用の問題については、第Ⅱ部で考えたいと思います。）

地球一体化と「文明の衝突」

　現代の経済市場主義と高度情報化は世界を均一化します。世界中どこへ行っても衣食住から交通・通信手段まで画一化される傾向にあります。しかし、それと同時に、長い時間をかけて世界の各地に培われてきた文化や宗教は、そうやすやすと画一化の波にのることはなく、むしろ画一化に反発し他との違いを鮮明に意識するようになり、対立、場合によっては衝突さえおこすことになります。つまり世界は一方では均一化の方向をたどると同時に、文化や宗教の多元性がいよいよ明確になってくるのです。ここで原理主義的に他に対して不寛容になり、分かれ争い、軍事力に訴えるようなことがあるとすれば人類は破滅です。非常に困難な道かもしれませんが、私たちは異文化や諸宗教の根底にあるかけがえのない真実を理解するよう努めるべきではないでしょうか。哲学者加藤信朗はその著『平和なる共生の世界秩序を求めて』（知泉書館、2013 年）で、「多様な民族、多様な文明、多様な宗教間の対話の可能性を追求しなければならない。力による圧伏ではなく、相互理解と相互扶助が、報復ではなく、寛容と許容が優先されなければならない」と述べています。みなさんはどう思われますか。

世界の進路・日本の進路

　以上私たちが直面している諸問題を挙げてみました。これらの問題にどう対処すべきかを考えることによって、私たちはどのような世界を将来世代に残したいのか、それに日本はどのように貢献することができるのか、さらに何を目指して進むべきか、が自然に浮かび上がってくるのではないかと考えられます。

　ではどう対処すべきでしょうか。病気でいろいろな症候群が現れる場合、一つの病根が原因になっているケースがあります。そのときは各症状に対する対処療法を行うより、おおもとの病根の除去に努める方が、根本的な治療が実現します。これと同じように、上述した諸問題の根がどこにあるのかを見極められないものでしょうか。

　経済成長追求、大量消費が生じるもとには、私たちの欲求があります。たとえば、私たちは最低限の生命維持ぎりぎりの状態で満足することはできません。最低限の生活が保障されると、より快適な生活にあこがれます。こうした欲求が人間の文化を発達させてきたことは確かです。欲求が満たされないときにはフラストレーション（欲求不満）が蓄積し、社会不安を引き起こすこともあります。現代では人々の欲求をいかに解消させるかが、重要な課題となっています。

　ところで、私たちの欲求はもともと、今手にしているものより、何かよりよいもの、より快適なものを手に入れたいと願う気持ちといえます。ところが、こうした気持ちを引き起こす源には、はっきりした形にならないまま人を突き動かす欲望がうずまいているといわれます。それには、生物に共通の個体維持、種族保存本能に根ざす欲望もありますが、人間には他の人と差がある場合対等になりたいという願望、さらに他の人より優越した状態になりたいという願望に発する欲望があるといわれます。これらは生命力の 迸 （ほとばし）りといえるかもしれませんが、これらが剝き出しでぶつかりあったらどうなるでしょう。弱肉強食、適者生存が自然のルールである、と割り切ることができるでしょうか。実は、ライオンが満腹のときにはその側で草食動物が草をはむ光景がみられます。ライオンは足ることを本能的に知っているといえるのです。これに対して、人間は足ることを知っているといえるでしょうか。民話の世界では、貧しい夫婦が小さな善行により何でも願いがかなえてもらえることになり、初めは質素な食べ物で満足したのに、次第に欲が深くなり、ついには御殿に住む王様にまでなることを願い、結局もとの貧しい姿にもどされてしまうパターンの話が、数多く語られてきました（グリム童話『金の魚』

など）。人間の欲望には足ることを知らない底なし沼的な面のあることを人々は感じ、自戒をこめてこうした民話が誕生し、繰り返し語られてきたのではないでしょうか。

ところが現代では、欲求不満の解消に名を借りて、欲望の解放と充足が公然と認められてきているのです。経済成長追求、大量消費推進により地球が危機におちいり、将来世代の生存をおびやかすにいたる病根の第一は、ブレーキのきかなくなった欲望の無制限な解放にあると思われます。

次に第二の病根として挙げられるのは、現代の世界を支配しているパワーポリティクス（力の政治）信仰です。政治家をはじめ、国家のリーダーを自認する人々はほとんどすべてが力により解決される、否、解決する他ないと信じています。それは資本の力と軍事の力です。私たちの間ではいつのまにか、市場経済で勝ち抜くには資本の力が不可欠で、自国の安全を確保するには軍事力が欠かせないというのが常識となっています。そこで政治家たちは、限りない富の蓄積を目指し、国民も自国の豊かささえ得られれば、他国のことはどうでもよいと無関心になるのが現実です。また、他国が領土拡張、資源の独占をねらう挙に出る可能性はつねにあり、これに対抗するには他国と互角、あるいはより強力な軍事力を常備しなければならないという思いこみを、政治家ばかりではなく一般の国民も抱いているのではないでしょうか。となると、つねに仮想敵国を想定し、軍備の充実・拡張に努めるのが当然と受け止められます。その行き着くところは、他国からの干渉に対して絶対的力を誇示する核武装です。（これをまさに実行しようとしている国が存在していますし、こうした主張を述べる政治家が日本にもいることは、みなさんもお聞き及びと思います。）

このパワーポリティクスの生み出す害毒の一つが、経済成長至上主義です。軍備充実・拡張には、国内産業の発展による強い経済力が必要です。その近道とされてきたのは軍需品の輸出です。日本では「武器輸出全面禁止」を原則としてきましたが、2014 年に「防衛装備移転」とい

う名目で、軍需品輸出が可能になったのです。もちろん、紛争当事国には「移転」しないこと、わが国の安全保障に資すること、相手国は目的外使用や第三国移転をしないこととの条件がついていますが、実質的には軍需品の輸出です。日本の防衛産業界の強い要望があり、経済成長のテコ入れになるとの判断があったのです。かつては武器の輸出は「死の商人」と非難され、倫理に反すると考えられてきました。平和憲法の精神から「武器輸出全面禁止」が守られてきました。これが、経済成長の名のもとに簡単に捨て去られてしまったのです。人間として踏み越えてはならないと受け止められてきた枠も、パワーポリティクスでは、自分たちに都合のよい大義名分により、無視されてしまうのです。

　以上は性悪説に立った極端な主張であり、世界の動向はこうした流れに反対し、こうした流れを変えようとする方向にある、と思われる動きがあるのも確かです。しかし、国際連合も国際法違反と判断した場合には、経済制裁、あるいは国連軍による軍事介入を認めています。つまり力による解決の試みです。結局パワーポリティクスが信奉されているのです。これを病根と考えるか、人間の宿命とあきらめるか、みなさんはどう判断されますか。筆者としては、地球号が安全に航海を続けるにはまず争い事は結局力関係（経済力、軍事力、数の力などなど）で解決されるという私たちの心にひそんでいる信念、あるいはあきらめの気持ちを取り去ることから始めなければならないと考えています。これは、私たち一人一人の心の在り方の問題です。言ってみれば私たち一人一人が自分の心の革命を試みなければならないのです。大げさに聞こえるかもしれませんが、私たちの心に染みこんでいる力に対する信仰を放棄しようというのですから、革命といってもよいでしょう。そんな馬鹿なことを、と嘲笑されるかもしれません。しかし、力に対抗するには力を、というのは、「目には目を、歯には歯を」とどこが違うでしょう。力で手に入れたものは、より強い力で取り返されます。力比べの悪循環をどこかで断ち切らなければなりません。それを私たちから率先してはじめるのです。これは筆者の個人的な願いで、みなさんは賛成・反対両方があって

当然です。しかし、もしこの心の革命が実現できたとすれば、そのときには、国家の歩みについても私たち一人一人は、自分の心にそっているかどうかを意識することになるでしょう。そしてもし選挙権を行使することになれば、なるべく自分の心にかなう政策を掲げている候補者を選ぶことでしょう。こうした一人一人の票の蓄積は、きっと国を変え、世界を変える日が来ることでしょう。少なくとも私たちはこうした未来を信じて選挙に臨みたいものです。

【コラム】　ボツワナ事情

〔日本はこれから諸外国とどのような関係を築くのが望ましいのか、を考えていただくために一例として、ほとんど耳にしたことがない国かもしれませんが、実状を紹介します。〕

日本への関心

ボツワナはアフリカのちょうど中部に位置する内陸国であることから、

ボツワナ共和国

アフリカにおける
ボツワナの位置

日本との交流も少なく、日本人にはあまり馴染みがありませんが、ボツワナにおける日本への関心には相当高いものがあります。

　その理由の一つは、日本が小資源国でありながら技術力の高い、いわゆるハイテク国であるという評価がアフリカ全域で定着していることにあります。今一つの理由はもっと身近なもので、日本の中古車が街にあふれていることから、日本車を運転する者も多く、日本車が古くなってもなかなか故障しないということを生活の中で実感していることにあるようです。

　その上、日本のボツワナに対する経済協力が目に見える形で実施されていることも多少影響があるかと思われます。1966 年にボツワナはイギリスの保護領から独立しました。当初は、国民所得も低く、いわゆる最貧国（LLDC）に留まっていましたが、独立直後にダイヤモンドが発見されたお陰で徐々に国が豊かになったことから、現在では国連基準による中所得国に分類されるほどとなっています。このため、ボツワナは日本の無償援助の対象国ではなくなりましたが、これを契機に、日本もボツワナの開発ニーズに見合った援助を実施する方向に転換したことも大きいかと思われます。具体的には、これまで実施していた車両整備士の育成や農業指導、あるいは HIV ／エイズ罹患者に対する栄養指導などの支援に加え、経営効率の改善のためのカイゼン運動の指導、ボツワナ人が不得手とする理数教育への援助、ディーゼル油の原料となる植物ヤトロファの栽培支援などを行っています。このような日本の対応も反映して、最近では、日本が開発したデジタル放送方式を採用するなどボツワナ政府の日本への傾斜も目立つようになり、アフリカにおける重要な親日国家と見なされています。

　お陰で、日本への留学希望者数は年々増え、日本に対する関心の高さがうかがえます。政府以外の活動としては、日本の大学がボツワナの野生スイカを利用した化粧品原料の研究開発を行っております。

ボツワナという国

政治と外交

ボツワナは前述の通り、イギリスの保護領でしたが1966年にボツワナ共和国として独立しました。かつてイギリスの植民地や保護領であった国は、イギリスの統治方針を反映して下水と民主主義がよく整備されていると言われます。この点に関し、ボツワナは間違いなく優等生と言うことができます。とくに、民主主義という点に関しては、国が貧しかったこともありますが、他のアフリカ諸国でみられるような政府要人の汚職や腐敗も少なく、複数政党制に基づくクリーンで安定的な政治が今に至るまで行われています。また、市民の政治に対する関心も高く、投票日には朝早くから市民が投票所の前で長い行列を作っている光景が見られます。もちろん、アフリカや中近東などで広く見られることですが、ボツワナでもいくつかの部族が存在し、もっとも有力な部族出身者が実権を握るのが通例となっています。1966年の独立時には最大部族（ツワナ族）の長であったセレツェ・カーマが初代の大統領に就任し、1980年に死去するまで大統領職にとどまりました。その後も初代カーマ大統領が創設したボツワナ民主党（BDP）の出身者で最大部族の出身者が二代にわたり大統領に選出されており、2008年には初代大統領の長男であるイアン・カーマが第4代目の大統領に選出されています。

ボツワナの国会は二院制ですが、部族の長などの集まりである首長会議（上院にあたる）には政治的な権限はなく、大部分が国民から直接選出される国民議会（下院にあたる）が立法権と、大統領を選出する権限を持っています。また、大統領は行政府の長となるため、閣僚は大統領の指名に基づき選出され

国会議事堂
（駐日ボツワナ大使館提供）

ています。

　ボツワナは南アフリカやナミビアあるいは旧ローデシアなど白人が長く支配した有力国に囲まれた内陸国であることから、人種間の融和を重んじ、善隣友好策を基本とした外交政策を一貫してとってきました。このため旧共産圏の国との外交関係も有するほか、サハラ砂漠南部の国々の地域共同体である南部アフリカ開発共同体（SADC）の本部と事務局が首都ハボローネに置かれ、この地域の平和と安全や経済の開発、それに民主主義の発展に寄与しています。

経済と環境問題

　1966 年の独立後、ボツワナでダイヤモンドが発見され、その後の経済発展の基礎となりました。ボツワナのダイヤモンドの産出量は南アフリカなどに劣りますが、黄色に輝く希少なダイヤモンドが多く、また、良質なことから金額ベースでは世界一の産出国となっています。今ではダイヤモンド産業が国の GDP の 3 分の 1 を占め、国の歳入の約半分をまかなっています。

　ダイヤモンドを産出する国には多く石炭の埋蔵も確認されます。ボツワナがアフリカ一の石炭の埋蔵量を誇る国であるということについては一般にはよく知られていません。その理由は埋蔵量が多いのですが、石炭の品質が低いために輸出につながらず、統計に反映されないからと考えられます。ボツワナ国内では、品質の劣る国内炭を洗浄した上で発電用に使用しているのが実態です。最近はディーゼル発電にも力を入れていますが、発電燃料としては国内炭に頼らざるをえないことからボツワナの大気汚染は劣悪で、国際的な支援を必要とする状態にあります。

　ボツワナの指導者は、他のアフリカ諸国の指導者とは異なり、ダイヤモンドで得られた収入を私物化することなく、国造りと人の能力開発に大々的に投資したことが今日のボツワナの基礎を作ったと言われています。教育は大学まで無料で提供され、このため識字率は 81.2％と高く、世界でも識字率の高い国に分類されています。

　また、ボツワナの指導者は実際の経済の運営においても堅実な政策に徹し、途上国に多く見られるような放漫な財政政策に陥ることなく財政均衡を基本とした経済運営を心がけてきました。このため独立後30年以上にわたり毎年6%以上の経済成長を達成し、独立当初は最貧国（国連の定義では一人当たり国民所得1005ドル以下の国）に分類されていましたが、1980年には中所得国（一人当たり国民所得1006ドルより3975ドル）にまで発展し、1999年には中進国（一人当たり国民所得3976ドルより6925ドル）の仲間入りを果たしました。2013年現在の一人当たり国民所得は7730ドルとなっています。

　このように、1966年以降、ボツワナは順調な経済成長を達成してきましたが、1990年代のHIV／エイズの流行により国の存立そのものにかかわるような深刻な事態に直面しました。1990年代、国民の約33%がHIV／エイズに感染し、世界でも1位か2位のHIV／エイズ罹患国となってしまい、一時、国民の平均寿命が20歳代にまで低下してしまいました。このため1998年に就任した第3代モハエ大統領はHIV／エイズに対する戦いに力を入れ、アメリカや国際機関による支援を仰ぎながら国民に対する啓発活動やHIV／エイズ患者に対する抗ウイルス剤の無償提供などの支援活動を大々的に展開し、感染の鎮静化に成功したと言われています（2013年度の罹患率は21.9%で世界3位、平均寿命は約50歳）。

言語と気候

　ボツワナの最大部族はツワナ族ですが、カラハリ砂漠を中心に独自の文化や言語を有するバサルワと言われるサン族が住んでいます。戦後、京都大学の人類学研究者が調査に入り、現在なお、サン族の風習や慣習などについて調査を続けているほか、独特の言語を有するため東京外国語大学の言語学者が現地で調査を行っています。

　ボツワナの通貨はプラと言いますが、万歳を三唱する場合も人々はプラ・プラ・プラと叫びます。プラとはツワナ語で雨や水のことを指して

ボツワナ共和国国章
（駐日ボツワナ大使館提供）

いて、サブサハラの砂漠地帯に属するボツワナでは降雨量が極めて少ないことから、通貨単位ともなり、人の喜びを表す言葉ともなったと言われています。

さしせまった課題をめぐって

1　改憲問題

　第Ⅰ部の4「立憲主義とは何か？―― 民主主義をまもるために」の章ですでにトピックになり、少し重複しますが、あらためて改憲問題を取り上げたいと思います。

　現行の憲法は制定されてから70年以上改正されたことがありません。この70年の間に、当時は考えられなかったような状況が生まれておりそれに対応できるように、憲法を改正すべきであるという主張が繰り返されてきました。（太平洋戦争に敗北した日本を占領した戦勝国アメリカの押しつけであり、自主憲法ではないから、改正すべきだという主張がありますが、憲法の理念が日本をはじめ世界にとって望ましいものかどうかが、肝心なことであり、憲法改正正当化の議論とは認められません。たとえば、憲法9条1項に類することが世界の8割の国々の憲法に謳われていることはすでに指摘したとおりです。）

　ところで、憲法第96条に、憲法の改正は、衆参各院で議員の3分の2以上の賛成によって国会が発議し、国民に提案、その承認を経なければならないと定められています。これまでも改正の動きはありましたが、賛成派の党が両院で3分の2以上の議席を獲得することがありませんでした。ところがこれまで改憲賛成の党が3分の2議席を越えている衆議院につづいて、2016年の参議院議員選挙で参議院でも改憲賛成の党が3分の2議席を越えたことから、憲法改正が現実味をおびてきました。改憲派は、高度情報化社会となっているのに情報を知る権利の問題が現行の憲法に欠けていることや、20世紀末以来緊急の課題となっている環境問題と環境権が欠けていることなどを具体例として取り上げていますが、さらに重点は憲法9条の改正にあると考えられます。（2017年10月、衆議院議員選挙にむけての自民党の選挙公約の一項に「国民の幅広い理解を得て憲法改正を目指します」とあり、具体的に「自衛隊の明記」「教育の無償

化・充実」「緊急事態対応」「参議院の合区解消」の４項目があげられています。二番目と四番目はそれぞれ教育基本法と公職選挙法で処理できる問題ではないかという意見があります。三番目の「緊急事態対応」は非常事態宣言、続いて憲法停止に道をひらく恐れが指摘されます。二番目と四番目の項目を抱き合わせにした国民投票で反対しにくい改正案で、改正の主目的は憲法９条と「緊急事態対応」にあるという疑問が否定できません。）

　さて、９条の改正をめぐっては長い歴史があり、国論を二分しかねない状況があります。改正賛成、反対どちらの立場を選ばれるにしても、みなさんにもこの改正のもつ根本問題を知っておいていただきたいのです。

　　第９条１項　日本国民は、正義と秩序を基調とする国際平和を誠実に希求し、国権の発動たる戦争と、武力による威嚇又は武力の行使は、国際紛争を解決する手段としては、永久にこれを放棄する。
　　２項　前項の目的を達するため、陸海空軍その他の戦力は、これを保持しない。国の交戦権は、これを認めない。

　この条文を素直に読めば、軍事力など一切持たない絶対平和主義を理想に掲げていることが分かります。しかし現実には、第二次世界大戦後に資本主義世界対共産主義世界の対立が激化するとともに、資本主義を守ろうとするアメリカから、日本も軍事力をそなえるよう要求されました。これは憲法違反になるとの激しい反対論が出されました。このとき憲法９条は国の自衛権までは禁止していない、との解釈が出され、何度かの改組を経て、現在の自衛隊が整備されました。これに対し、国家間の交戦権を認めない防衛力にすぎないとはいいながら、自衛隊はあきらかに戦力であり、憲法を無理に解釈したごまかしであり、現実にはそぐわない。むしろ、憲法を改め、国防軍を正式に承認すべきであるとの主張がくりかえされてきました。

　空虚な理想論と地に足のついた現実主義の対立のように解釈する学者や政治家がおりますが、人類が何を目指すべきかという、古くから人類

が悩んできた問題にふれていることを、皆さんは胸に刻んだ上で、憲法9条改正問題について考えていただきたいと思います。

絶対平和主義の系譜

彼ら（国々の民）は剣を打ち直して鋤とし

槍を打ち直して鎌とする。

国は国に向かって剣を上げず

もはや闘うことを学ばない。（旧約聖書『イザヤ書』2・4）

　これは、紀元前8世紀のイスラエルの預言者イザヤの預言です。強大なアッシリアとエジプトに挟まれた小国ユダ王国にあってどちらかの大国の庇護を求めようとする王に対し、この預言者は、神を信じ正義と公正を実践すべきこと、これに反する国は他民族による征服という神の裁きをうけなければならないこと、しかし征服者も力による支配がいかに強力であろうとも結局滅びることを預言します。しかも、これはイスラエル民族に限定される出来事ではなく、神の導く人類全体の歴史の流れであると預言者は告げるのです。そしてこの歴史の行きつく世界の姿が上に引用した預言なのです。神などもちだされると現代の私たちには縁遠く思われるかもしれませんが、引用した句は、武力のない永遠平和の世界を私たちに訴えかけた最古の例と思われます。

イザヤ

「荒野には公正が宿り、正義は果樹園に住む。正義のつくり出すものは平和、正義の作物は永遠の静寂と安心」（『イザヤ書』）。

こうした平和主義を訴えた一人に、近いところでは19世紀末に登場したロシアの文豪レフ・トルストイ（1828-1910）がいます。たとえば彼は日露戦争が始まった1904年、「悔い改めよ」という論考をイギリスの新聞に寄稿し、一切の殺生を禁じられている仏教徒と愛を掲げるキリスト教徒が殺しあう愚劣さを攻撃します。しかも双方の宗教指導者がこの戦争を正当

「芸術の目的は、神の国、すなわち人間生活の最高目的と考えられている愛の国を建設することである」（『芸術とは何か』）。〔モスクワ・トルストイ公園のトルストイ像、眞方忠道撮影〕

化していることに怒りを爆発させます。トルストイは、キリストの教えが、悪に対する復讐の禁止と、隣人を自分のように愛することにあるとし、戦争絶対反対、暴力否定、無抵抗主義、隣人愛の実践をとなえたのです。

以上紹介した思想を絶対平和主義と呼ぶとすると、日本国憲法9条はこの精神の流れを汲んでいるということができるでしょう。

平和実現の見取り図

さてでも、こうした平和は具体的にどうすれば実現することができるのでしょうか。無抵抗主義に徹すれば侵略者は良心の呵責をおぼえ、撤退するものでしょうか。トルストイは民話集『イワンのばか』でこうした夢が実現する場面を描いて見せますが、私たちはそうお人好しにはなれそうにもありません。そこで多くの思想家や哲学者がこの問題をめぐって思索してきました。なかでも有名なのはドイツの哲学者イマヌエル・カント（1724-1804）です。彼は『永遠平和のために』（1795年）で、

イマヌエル・カント

「君自身と他のすべての人にそなわっている人間性を、目的として扱い、決して手段としてのみ扱わぬよう行為せよ」（『道徳形而上学の基礎づけ』）。

世界の永久平和を実現する道として、「各国の常備軍の全廃」「諸国家の連合制度」「共和的体制」を提唱します。ただし、この哲学者は「だが国民が自発的に一定期間にわたって武器使用を練習し、自分や祖国を外からの攻撃に対して防備することは、これとはまったく別のことがらである」との但し書をつけます。すなわち自衛の場合だけ武力行使を容認する以外、諸国家の連合だけが紛争を解決する力を認められるのです。（ちなみに、永世中立国スイス連邦は国境線を守るための武器使用を認め、いったん国境線を破られた場合は、自国の全土を焼尽することにしています。）

　このカントの理想は第一次世界大戦後国際連盟の原型になったといわれます。しかし提案者ウッドロー・ウィルソン大統領のアメリカと革命直後のソヴィエト連邦が参加せず、参加国も国際協調より自国の国益を重視し、日本、ドイツ、イタリアなどの有力メンバーが脱退し、国際連盟は指導力を発揮することができず、第二次世界大戦を防ぐことができませんでした。

　二度の世界戦争への反省をもとに1945年に第二次世界大戦で勝利をおさめた連合国、アメリカ、ソヴィエト連邦（1991年からロシアが継承）、イギリス、フランス、中華民国（1971年から中華人民共和国が継承）が常任理事国となって発足したのが国際連合です。国際連合憲章は、加盟国は寛容をもって平和に生活し、国際平和・安全の維持、諸国間の友好関係の発展、基本的人権の尊重、社会的進歩と生活水準の向上の促進につとめることを謳っています。そこでまず求められるのは紛争が生じた場合の平和的解決です。しかし、平和に対する脅威、平和の破壊、侵略行

為に対して経済制裁などの勧告、さらに悪化を防ぐための経済制裁など
の措置、さらにそれでも不充分と判明した場合には国際の平和および安
全の維持または回復に必要な空軍、海軍、陸軍の行動をとることが認め
られています。最後は国連軍による紛争解決ということになりますが、
これまでのところ正真正銘の国連軍は創設されておりません。その代わ
り集団的安全保障の立場からたとえば北大西洋条約機構（NATO）が結
成されたり、これに対抗してワルシャワ条約機構がつくられたりしまし
た。つまり相手陣営を敵国視し、集団的自衛権をつねに行使できるよう
にして戦争を回避するもので、残念ながら真の平和が実現されるものと
はいえません。この考え方の根底には、「人は人に対して狼である」（プ
ラウトゥス、トマス・ホッブズ）という悲観主義があります。

　これが、世界の現実であると割り切って、軍事力の強化、一つの陣営
に加わって集団的自衛権によって国家を守るほか道はないのだという主
張が出されてきます。憲法9条の改正を求める立場には種々の違いがあ
りますが、現在最も有力な理由付けはほぼ次のようなものです。

　　現代は国際的テロとの戦いの時代であり、日本の存亡に関わる重要
　　影響事態が生じた場合、国際平和支援の一環として、海外でも同盟
　　軍の防衛支援が必要である。国際連合憲章でも認められる集団的自
　　衛権行使には憲法9条の足かせを外すべきである。他国と協力して、
　　国際平和を乱す勢力とは戦えるようにして初めて日本は独立国とし
　　ての役目を果たすことができる。

　ここには平和のため、正義のため武力行使はゆるされる、と認めると
同時に、どこかの国々は信頼できないという前提が隠されていることは
否定できません。みなさんは、これが現実の姿なのだと諦められますか、
それとも、こうした考え方にはなにか満たされないものを感じられます
か。

「活憲」の立場

　政治学者の千葉眞は、改憲論でも護憲論でもなく、「活憲論」という立場を提案します。彼は立憲主義思想の発展史を辿った上で、日本国憲法が立憲主義思想の到達した「人民主権」「基本的人権の尊重」「平和主義」に立っていることを指摘します。とくに、第三の「平和主義」は第二次世界大戦後世界諸国に求められてきた人類共生の普遍的原理であり、日本国憲法は世界の先がけとなるものであると主張します。しかもここでは、一切の武力行使を拒否し、万一侵害をこうむった場合には「非暴力的抵抗権」と最小限の実力行使のみを認める、人類にとって革命的なものであると説きます。この憲法の原理を護り、未来に向けて活性化して行くのが私たちの世代の務めであるというのです（『「未完の革命」としての平和憲法』岩波書店、2009 年参照）。

　これは現政権のとなえる「積極的平和主義」とは区別されると思われます。「積極的」の内実があいまいですが、現政権の場合は、軍事力に訴えてでも紛争解決に、積極的に同盟国と共闘する、という古来常識とされてきた考え方が含まれているようです。今私たちは、未来に向けて現日本国憲法の軍事力に頼らない平和主義の精神を活かす努力をつづけるのか、古来常識とされてきたパワーポリティクスの考え方を踏襲するのか、分かれ道に立っているのです。少なくとも終戦を迎えて間もないとき国民は、太平洋戦争への反省に立って現憲法の発布を歓迎したのです。みなさんはどちらの道を選ばれますか。

2　経済と環境の問題

現在の経済政策について

　ある経済政策が良い悪いか、正しい方向に進んでいるか誤った方向に進んでいるかを判断することは、素人の私たちにはほとんど不可能です。大は国際情勢、世界各国の政治・経済状況、景気の動向をはじめ、小は国民の気質、個人の思惑や衝動にいたるまで、ほとんど無数の要素がからみあうからです。しかし具体的な政策の良し悪しは専門家にゆだねる他ないかもしれませんが、政策の目指すところと、その道筋について聞かれれば、ある程度良いとか悪いとかの印象をもち判断を下したくなるのではないでしょうか。つまり経済活動によって何を実現するのか、その活動が人の道に外れていないかを、選挙にあたってみなさんには考えてみていただきたいのです。

アベノミクス

　さて、現在政権の座についている自由民主党と公明党は安倍総理大臣の提唱するアベノミクスと名付ける経済政策を推し進めています。——日本は、消費者物価が下落、企業収益の悪化、所得の減少、消費の低迷がつづくデフレーション状態にある。ここで思い切った大胆な金融政策「量的・質的金融緩和」により市場に出回る金を増やし、近く起こると警告されている南海トラフ地震・津波にそなえて国土強靱化をはかる大幅な公共事業支出（「機動的な財政政策」）により雇用者を増やし、さらに技術革新により新しい企業の成長を促し持続的な経済成長を軌道に乗せる、これによって、国民総生産（GDP）を現在の 1.2 倍に引き上げる、そしてまず大企業が豊かになれば、経済のパイは大きくなり、自然にその富はあふれ出て国全体に行き渡り（金持ちに恩恵を施すと雨のし

ずくが垂れるように貧しい人にも恩恵が行き渡るという主張でトリクルダウン理論と皮肉られます）、消費が伸び、企業はさらに成長する好循環が生まれる —— というのです。

　ではこの経済成長によって何を実現させるのでしょう。首相は、強い経済による社会保障の財政基盤の強化と同時に安全保障のための防衛費を増やすことにより、「日本を世界の中心で輝く国にしていく」と申しています。つまり、この政策の基本にある前提は、強力な経済成長によって国を豊かにし、これによって強い日本を創ることができる、というものでしょう。

疑問派の声

　このアベノミクスについては、種々の、疑問や反対意見が出されています。その例を挙げてみましょう。

　第一は、「量的・質的金融緩和」の具体的政策についてです。日本銀行が政府の発行する国債を大量に購入して金銭を市場に供給し、その資金で企業の投資を促す、この政策によって景気は浮揚し、国民の収入が上昇、その結果消費が伸び、消費者物価も上がり、デフレを脱却することができる、というのが政府と日銀の描くシナリオである、だがこのシナリオが期待するような設備投資は望めず、また低金利を前に消費者心理はむしろ現金の温存に向かうであろう、というのです

　第二は、この政策により円安が進み輸出産業が活気付くというが、これは一時的なもので、輸入産業では逆に輸入品が値上がりし、生産のための原料をはじめ生活必需品の多くを輸入に頼っている日本は物価が高騰、需要が減少し経済活動は低下する、というのです。

　第三は、大企業ほど有利になる法人税の引き下げによるマイナスの波及効果が起こるというおそれです。大企業は生産性を高めるため、効率化をはかり、成果を上げることのできない人材や下請け会社は切り捨てられる、勝ち組と負け組がはっきりとし、貧富の格差が拡大し基本的人権さえおびやかされる人々が出現する、しかもそれは自己責任だとされ

る、という批判です。

　第四は、実際に社会保障の財政基盤の強化に使われるのか、という疑問です。予算編成をみても、防衛費は大幅に上積みされても、社会保障費はほとんど伸びていないではないか、という批判です。

経済成長神話をめぐって

　以上は現在進行中の具体的経済政策をめぐっての賛否の議論ですが、みなさんと考えてみたいのは、この政策の根っこにある経済成長神話ともよべるものです。経済成長率が大きいほど国は豊かになる、経済成長を各国が遂げることによって人類に富が行き渡る、そこで経済成長を科学の発達、技術革新によってさらに推し進めなければならない、という信念です。

　しかし、前に述べたように1972年にローマクラブが『成長の限界』というレポートで警鐘を鳴らしていることも思い浮かべなければなりません。当時は、日本を含め先進国は高度経済成長のさなかにありました。その中で、ローマクラブの委託をうけた研究者たちが、このまま経済成長を続けたら、技術革新のないかぎり、人口、食料、資源、廃棄物による汚染などで、人類社会はコントロール不能になるというものでした。賛否両論が出されてきましたが、45年近く経った今、温室効果ガス、核廃棄物の問題なども加わり、この警告は無視できないことが指摘されています。ただし同時に、地球上で先進国の繁栄のかげに、地下資源や気候環境に限られた生産物だけに頼るほか無い貧しい後発国が多数あることを忘れてはなりません。こうした国々がインフラを整備し、教育・福祉・医療を充実させ、せめて国民が最低限の文化的生活を享受できるよう援助するのが先発国の務めでしょう。グローバリゼイションの進むなかで、各国が互いに助け合い分かち合いながら生きてゆく道を探る時が来ているのではないでしょうか。もちろんそんなのは絵空事、「自国第一主義」が勢いを得てきているではないか、との反対が聞こえてき

ますが、みなさんはどちらの方向に進むべきであると考えられますか。

【コラム】　南北問題の解決

〔国家間に格差があることは現実です。いかにこれを克服するかを考えてみるために、いま試みられている具体策を紹介します。これでよいのかまでも含めてみなさんも考えてみてください。〕

開発途上国の独立と貿易・開発問題

　第二次世界大戦後、アジアやアフリカで多くの開発途上国が独立を果たしましたが、当初より、経済的な自立が危ぶまれ、1960 年代には開発途上国の経済的困難が国際協力を通じ解決されない限り世界の平和や繁栄もありえないという考えが広まり、当時のアメリカとソ連との対立という東西冷戦の対比から「南北問題」の存在がクローズアップされるようになりました。この場合の「南」とは南半球の開発途上国を、「北」とは北半球の先発国を指しており、「南北問題」とは要するに北の先発国と南の開発途上国との間の所得格差を縮小しなければならないというのが問題の核心です。

　このような中で開発途上国の声を代弁し、その経済の発展に大きな役割を果たしたのが国連と国連の下部機関、とくに国連貿易開発会議（United Nations Conference on Trade and Development, UNCTAD）でした。また、1961 年にアメリカのケネディ大統領の提唱で始まった「国連開発の 10 年」は 1961 年から 1970 年までの 10 年間に発展途上地域の経済成長率を 5％に向上させることを主眼においた南北問題を解決するための初めての国際的な開発戦略でした。第一次「国連開発の 10 年」は 5％を超える経済成長を達成するなど成果を上げ、その後も 10 年ごとに更新され現在に至っています。この「国連開発の 10 年」は現在では国連開発プログラム（United Nations Development Programme, UNDP）のもとで進め

られており、1970年代には先進国からの支援目標を国民所得の0.7%に定めるなど成果を達成し、現在も進行中です。

国連貿易開発会議は、基本的に各国が集まって開発途上国の貿易と開発に関する諸問題を討議し、関係国や関係国際機関がとるべき行動を提案する場で、拘束力のある決定を行って加盟国の行動を拘束する機関ではないため、当初からその限界も予想されていました。国連貿易開発会議での当初の協議テーマは一次産品問題や一般特恵あるいは経済協力で、コーヒーやゴムなどの一次産品に関する国際取り決めの策定や開発途上国からの輸出を優遇する貿易スキームである一般特恵制度（Generalized System of Preferences, GSP）の策定など開発途上国の貿易活性化にとり一定の成果を上げました。ただ、経済の多様化とグローバル化に伴い、経済の発展段階や産業構造などの相違に加え各国の南北問題への対応にも相違が目立つようになり、国連貿易開発会議は先進国と開発途上国との間の調整だけでなく、開発途上国相互の間の利害関係の調整という困難な課題にも直面しています。

ミレニアム開発目標（**MDGs**）の策定と実施

1980年代には多くの途上国が市場メカニズムに基づく開発手法を採用しましたが、東西間の政治・軍事的な対立に加え、旧宗主国と植民地の対立などもあり、必ずしも順調には行かず、むしろ貧困の悪化を招くという事態が見られました。その反省もあり、1990年代には貧困に対する関心が高まり、95年の世界社会開発サミットは、人間中心の社会開発を目指し、世界の絶対的貧困を半減させるという目標を提示しました。このような背景から、2000年には147の国家元首を含む189の国連加盟国代表が参加した国連ミレニアム・サミットが開催されました。ミレニアム（千年紀）とは、キリストの誕生から数えて1000年ごとの区切りを意味します。この会議の結果、21世紀の国際社会の目標として国連ミレニアム宣言が採択され、平和と安全、開発と貧困、環境、人権とグッドガバナンス、アフリカの特別なニーズなどを課題として掲げ、

21世紀の国連の役割に関する明確な方向性を提示しました。　この国連ミレニアム宣言と1990年代に開催された主要な国際会議やサミットで採択された国際開発目標を統合し、一つの共通の枠組みとしてまとめられたものがミレニアム開発目標（Millennium Development Goals, MDGs）です。これは以下に掲げる八つの目標とそのもとに具体的な21のターゲットと60の指標を設定し、ほとんどの目標は1990年を基準年として、2015年を達成期限としています。

目標1：極度の貧困と飢餓の撲滅
目標2：初等教育の完全普及の達成
目標3：ジェンダー平等推進と女性の地位の向上
目標4：乳幼児死亡率の削減
目標5：妊産婦の健康の改善
目標6：HIV／エイズ、マラリアその他の疾病の蔓延の防止
目標7：環境の持続性確保
目標8：開発のためのグローバル・パートナーシップの推進

「2030アジェンダ」の策定

　2015年のMDGsの達成期限が迫る中、ポスト2015年開発アジェンダの策定に向けた国際的な議論が行われました。2015年9月に持続可能な開発のための「2030アジェンダ」（2030年までの持続可能な開発目標）が、2015年までに達成されなかった問題と新たな課題に対処するため、その後継として国連サミットで正式に採択されました。

　MDGsは、極度の貧困の半減やHIV／エイズやマラリア等の疾病に対する闘いなどでは目に見える成果を上げたものの、環境問題や保健分野での対応の遅れがみられました。この遅れやさらに新しい課題に対応するために、「2030アジェンダ」は、2016年から2030年までの国際目標を定め、貧困を撲滅し、持続可能な世界を実現するため17のゴールと169のターゲットからなる「持続可能な開発目標」を定めています。

発展途上国のみならず先進国自身が取り組む普遍的なものであり、「地球上の誰一人として取り残さないこと」を誓っています。主な目標は次のようになっています。

- あらゆる形態の貧困の撲滅
- 食料の安全保障と持続可能な農業の促進
- 万人の水と衛生の利用可能性
- 近代的なエネルギーへのアクセス確保
- 強靭なインフラの構築とイノベーション（技術革新）の促進
- 国内と国家間の不平等の削減
- 気候変動への緊急の対処
- 生態系の保護、回復
- 司法へのアクセスの確保
- 持続可能な成長と人間らしい雇用の確保
- 持続可能な開発のための実施手段の確保とグローバルパートナーシップの活性化

日本の役割

1995年の世界社会開発サミットでは人間中心の社会開発を目指し、世界の絶対的貧困を半減させるという目標が掲げられましたが、翌年の1996年、日本は経済協力開発機構 —— 開発援助委員会（Organization for Economic Co-operative and Development — Development Assistance Committee, OECD-DAC）新開発戦略の開催を提案し、2015年までに絶対的な貧困人口の半減を目指すべきであるとの国際開発目標（International Development Goals, IDGs）を採択することに尽力しました。また、2016年以降の国際的な課題を定めた「2030アジェンダ」の策定にあたり、日本は人間の安全保障という基本的な考えに基づき一貫して協力・貢献し、その実施に最大限努力することを表明しています。人間の安全保障とは、女性、子供、障害者、病人、高齢者、難民など、弱い立場の人々を取り残さな

いよう、人間一人一人に焦点を当てるべきであるとの政策上の考えを言います。

脱成長・定常社会を目指して

　今日「自国第一主義」で世界の国々が経済競争に走ることを自制しなければならない段階にきていることを私たちは感じ始めています。しかし現実の政治・経済政策では私たちの素朴な心配などは無視され、経済成長追求に向かって突き進んでいるのが実状です。こうした状況のなかで、反省をうながし理想を考えておくことは将来の世代のためにも必要かと思います。

　日本は高齢化、少子化がいよいよ深刻になることが確実とされています。ただしこうした傾向は先進国と言われる国々でも指摘されており、日本だけの現象ではありません。むしろこれは成熟に達した社会に必然的に起こる現象とみる研究者さえいます。最低限の日常生活さえおびやかされている国、あるいは生活環境が充分整備されていない発展途上の国では、なんとしてでも経済成長を実現させなければなりません。しかし贅沢さえ求めなければ衣食住もほどほどに満たされ、国民生活の基盤となる公共施設やいろいろな制度も整備されていれば、その社会は成熟の段階に達していると考えられます。こうした社会はそれに応じた経済活動を求めなければならないというのです。貧富の差の解消、福祉の充実など課題はあります。しかし、現在以上に消費財や贅沢品の需要を増やし、また外国向けの輸出商品を開発・増産して富を獲得することが必要なのでしょうか。地球の資源の有限性、環境問題などが取り沙汰されているにもかかわらず、そのような政策を続行してよいのでしょうか。

　ある学者たちの間で、「成長の限界」を認め、これからは「脱成長」ないしは「持続可能な成長」を求め、「定常社会」の実現を目指すべきであるという主張が出されています（たとえば日本では橘木俊詔、浜矩子、

水野和夫、広井良典など）。「定常社会」とは聞き慣れない言葉かもしれません。「定常（の）」に相当する英語は「ステイショナリー（stationary）」で、語源的には「軍隊がある地域に留まり続ける」の意味でした。

　この言葉を比喩的に経済現象について用いたのがスコットランド出身の倫理学者・経済学者アダム・スミス（1723 – 90）です。イギリスの資本主義的生産が支配的になりつつある時代に、彼は、企業間の競争と市場での売買を規制の無い自由なものにすれば「見えざる手」により経済

アダム・スミス
「いかに利己的に見えようと人は、他人の幸福が自分にとって不可欠とするものさしを、本性的にもっている」（『道徳感情論』）。

は調和を実現し、貧富の差が解消され、国民が妥当な富を獲得できるようになることを裏付けようとしました。その際、こうした自由主義的経済競争のない状態は「静止的（stationary）」であり、労働者の賃金の上昇は望めないと中国を例に指摘しました。つまりこのことばは望ましくない状態を指していたといえます。

　これに対して、イギリスの哲学者・経済学者のジョン・ステュアート・ミル（1806 – 73）は自由競争のもとで経済的利益をあげ続けること、つまり経済成長を求め続けることには限界があることを予見しました。農地や地下資源（当時は石炭や鉄）が有限であることから、経済成長も人口増加もいつか停止し、「定常状態（stationary state）」に達するというのです。当時は経済成長がストップすることは恐れられ、避けなければならないということが当然であると考えられていました。しかしミルはこの状態に至ることはむしろ望ましいと主張したのです。人口と資本が一定の状態に達するとき、巨大な富を求める必要はなく、節度ある生活を送れる財があれば、人々は心身ともに余暇を楽しみ、生活にうるおいを

ジョン・ステュアート・ミル

「文明社会の成員に対し、権力の行使が正当に認められるのは、他者への危害を防止する目的に限られる」(『自由論』)。

もたらすことができる。他人との絶え間ないつき合いから解放され、独りだけの時間 —— 孤独が手に入る。「孤独は、瞑想と人格を深めてくれる。美しく荘厳な自然の中での孤独は、個人ばかりではなく社会にとっても欠くことのできない思索と高貴なものへのあこがれのゆりかごなのである」(『経済学原理』)。

ところで、ミルのこうした予見は実現することなく、以後150年ほどの間に、帝国主義と植民地獲得競争や二つの世界大戦を世界は経験します。同時に当時は想像もつかなかったような自然科学の発達、産業化、高度工業化、金融資本の投機対象化が飛躍的に進み、それに伴う市場の拡大、大規模消費社会が出現したのでした。かぎりない経済成長による富の増大と人類の生活の向上が信奉されたのです。

こうした流れに対し、前にふれたようにローマクラブの報告(前掲56頁)をきっかけに、地球全体の資源の有限性、それと同時に環境破壊が現実の問題となりました。ミルの場合はイギリス国内の経済活動、現代はグローバルな経済活動の違いはあっても、経済成長の限界が、20世紀終わり頃から再び真剣に考えられ始めたのです。

そこで出されたのは、まず地球資源の有限性を認め、その有限性のなかで将来の世代まで視野にいれて、資源の消費をコントロールすること、大量消費・大量廃棄を抑えること、廃棄物処理をふくめて地球環境の保全を実現すること、という目標です。この目標を実現するにはゼロに近い成長を受け入れなければならない、すなわち「定常社会」の実現です。この社会では経済がすべてを牽引するのではなく、環境、福祉、経済の三本柱が支え合う。この社会では富の蓄積の代わりに、文化的・精神的

創造に幸せを見つけだす（ミルは上に紹介したような個人の安らかなこころの満たされた生活を夢見ていました）、という主張です。福祉を充実させるのにも、環境汚染を防止するのにも結局資金が必要ではないか、先だつものは金ではないか、との反論がだされます。しかし、成熟した社会で「足ることを知る」生活を実現させるという「定常社会」の思想は、少なくとも世界各国が共生し相互に助け合う未来をきりひらくヒントを示すものといえるかもしれません。

【コラム】　生物は持続を目的としている

〔経済成長による国家の成長・発展が追求される人間世界に対して、もっと視野を広げて生物全体のありかたから反省を加えるとどうなるでしょうか。〕

　生物の最大の特徴は続いていくことだと私は思っています。生物は約38億年前に誕生しました。現在の生物は、その時生まれ出た祖先生物の、直接の子孫だと考えられています。38億年もの間、生物は途絶えることなくずっと続いてきたのです。

　生物の体はじつに精巧なものですね。こんな複雑な構造物がずっと続いてきたのには、何か特別な仕掛けが生物にはあるに違いありません。それを考えるに当たって発想を逆転し、どんなふうにすれば続いていくものがつくれるのかを、建物を例にして考えてみましょう。

　絶対に壊れない建物をたてられればいいのですが、それはできません。熱力学第二法則が働き、秩序だった構造物は、時がたてば必ず無秩序になっていく、つまり壊れていくのです。

　それなら壊れてきたら直し、また直しと、修繕し続ければいいわけで、こうしているのが法隆寺（世界最古の木造建築）です。ただしこのやり方には問題がありましてね、直すたびに、古くていつ壊れるかわからな

1953（昭和28）年伊勢神宮第59回内宮式年遷宮
上が新殿。アサヒカメラ編『朝日新聞報道写真傑作集』
（朝日新聞社、1954年）。

い部分と新しい部分とが入り交じってきますから、創建時に比べると機能が劣化するのは避けられません。ここでは生物のモデルとして建物をイメージしているので、これでは困ります。たとえば、ちょっとでも脚の機能が衰えてしまえば、たちまち野獣の餌食になってしまいます。

　では、機能がきっちりと続いていくような建て方があるでしょうか。それが伊勢神宮です。20年ごとに式年遷宮を行うことにより、元とそっくりのコピーに更新し続けます。こうすれば機能を保ち続けられるのです。

　じつは、生物は伊勢神宮方式を採用しています。子をつくることが式年遷宮に対応します。ただし生物の場合、伊勢神宮とは違うところがあります。式年遷宮では元とそっくりのコピーをつくるのですが、生物では、有性生殖を行い、原本とはちょっとだけ違うコピーをつくります。だから子は親に似てはいても少々違ってきます。

　ここに生物がきわめて長い期間続いてこられた秘密があるのです。環

境は長い間には変わります。環境が変われば、今いる個体そのままのものが、変化後にも生き残れる保証はありません。そして環境がどう変わるかの予測は立てられないのです。そこでコピーをつくる際に、今の個体とはちょっとだけ違うさまざまなコピーをつくります。そうすればどれかは生き残れるでしょう。「自分とはちょっと違う子」をつくる仕組みが有性生殖です。この「自分とはちょっと違う子」を、広い意味での自分とみなして〈私〉と書くことにします。有性生殖により、〈私〉は死ぬことなくずっと続いていけることになりました。

進化の過程で、ちょっと違った子の中で、より生き残るように変わった子が子をたくさん残し、その中でまたより生き残るように変わった子が子を残しと、それを繰り返すうちに、生物は生き残りのエキスパートになってしまいました。現時点からふり返れば、あたかも〈私〉が生き残ってずっと続くという目的をもって進化し続け、今の生物はあたかも〈私〉の持続に価値を置くように振る舞っているように見えるものになっています（もちろん生物は自らの意志を持って意図的にそう振る舞っているわけではありませんが）。

現代人は今の私だけを私と考えて利己的に振る舞っていますね。生物はもともと利己的なものですけれど、その利己の己は、私ではなく〈私〉です。現代人は、私の持続は考えることはあっても、〈私〉の持続をあまりにも軽んじており、そのような生き方は〈私〉の持続を危うくします。生殖活動に参加できなくなった私がずっと生き延びていれば、その分、子としての私が使える資源（食べものや住居など）が減ってしまいます。子の私が栄養不足になれば孫としての私の生まれる数は減るでしょうし、住居不足で子の私が結婚できないとなれば、孫の私は生まれません。だから老いた私がずっと生き残っていれば、結局、〈私〉は続かなくなるおそれがあるのです。

さて、ここまでの話をもとに、「はじめて選挙権を行使されるみなさんへ」、一言、述べておきましょう。

日本政府は大量の赤字国債を発行し続けていますね。破綻せずにこの

まま財政が続くとは、とても思えません。財政の持続可能性が損なわれています。赤字国債でまかなっている大きな部分は老人の医療費と介護費。これは生殖活動に参加できなくなった私（つまり生物としての存在意義を失った私）が長生きするための借金を、自分で払わずに、次世代の私につけをまわしている事態です。次世代をつくった後には、今の私より次世代の私を優遇するのが生物としての筋なのですが、事態は正反対。同様に、介護ホームをつくり介護福祉士を優遇する前に、保育園をふやして待機児童をなくし、また保育士を優遇すべきですが、そういう政策を政府はとっていません。今の日本は、どんどん増え続ける老人への対応に資金も人材もとられてしまい、その分、若者が虐げられているのが現状です。GDP に占める公的教育費は OECD 加盟国の最下位あたりをうろついています。教育費とは、次世代を育てるためのもの。日本がいかに若者を大切にしていないかがこの数字に表れています。

　政治がそうなってしまうのは、老人の人口が多い上に、老人の投票率が高く、勢い、政治家の目が老人に向いてしまうことにあるでしょう。また政治家自身に老人が多いことも関係しているでしょう。こんなことをやっていたら日本は衰退の一途をたどってしまいます。若者は選挙に積極的に参加し、自身に有利な政策を実現させ、この傾向を止めねばなりません。若者をもっと優遇し、生活にゆとりが出て、金銭的な心配をすることなく結婚して子供をどんどん生める社会にしなければなりません。君たち若者に有利ということは、日本の未来に有利だということですから、これは単なる自分だけがよければいいという主張ではありません。「若者ファースト党」を立ち上げて堂々と自己主張すべきです。政治上での世代間不平等を解決する案も提出すべきです。たとえば、(1)ちょうど地方区と同じように世代区をつくって若者世代を代表する代議員を割り当ててもらう、(2)子育て中の人には、子どもの分として割増しして投票権を与える、などなど、不平等解消案はいろいろ考えられます。

　古い世代（とくに保守党系の）は「親には孝行」という倫理を持ち出すでしょうが、それは平均寿命が30-40歳代の時代につくられた倫理

であり、それをそのまま現代にも通用させるのは無理があります。それにね、儒教で最も大切にするのは、子をつくって家系を絶やさないことなのです。「親には孝」とは、子、親、祖先という家系のつながりを大切にせよと子どもに教え

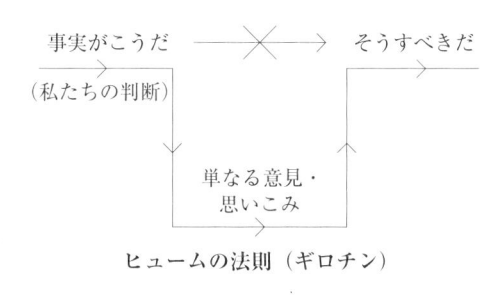

ヒュームの法則（ギロチン）

る言葉ととるべきものです。だから年金世代が「親には孝」を口にしたら、その前に子を大切にせよと論さねばなりません。儒教の根本精神は生物の原理にのっとったものです。式年遷宮を行う神道も、やはり生物の原理にのっとったものだと気づいてください。

　聖書も引用しておきましょう。「一粒の麦は、地に落ちて死ななければ、一粒のままである。だが、死ねば、多くの実を結ぶ」（『ヨハネによる福音書』12・24）。種のままでいれば何百年も生き延びることができるのが植物です。でも、その種が身を粉にして働いて多くの子になると、麦としてずっと続いていく、そのことが常識になっている社会だからこそ、こんな譬えでイエスは語られたのですね。

　「事実がこうだ、ということから、人間もそうすべきだ、という結論は導けない」というのがヒュームの法則です。上の議論は、生物がこうだから人間もそうすべきだという議論であり、この法則に抵触するのですが、よい人間であるには、やはりある程度はよい生物でありうる社会でなければいけないと小生は思うのですね。今の私が安心して生きていけるには、百年後にも日本は財政破綻しておらず、地球も（温暖化等で）住みにくい環境にもなっておらず、未来の〈私〉が幸せに暮らしていけている──そう思い描ける必要があると思うのです。死んだ後の事など関係ないと思っていても、そう能天気に（幸せに）思っていられるのは、人類がずっと続いていくのが当然と期待できるからでしょう。それがで

きるのは、長い年月をかけて生物が獲得してきた「続くという仕組み」（これを知恵といってもいいでしょう）があるからです。

　このコラムでは〈私〉が続くことのみを取り上げてきましたが、〈私〉が続くには、〈私〉が生きている環境を大切にする必要があります。その環境が今や危機に瀕しているのです。環境も含めて持続性をないがしろにしない政治が、今、求められていると強く感じています。

　若者が持続を代表しているのです。そして若者には、それだけの責任が期待されてもいます。その責任には、子を生むということも含まれます。もちろん人間は単なる生物ではありませんから、続くことに寄与するのは子を生むというやり方だけではありません。子を生みやすい、子を育てやすい、そして子がきちんと育つ社会をつくることも、広い意味での子をつくることとして捉えられると小生は考えています。だから若者にもっと政治に関心をもって欲しいのです。

3 エネルギーと将来世代

原子力と再生エネルギー

すべての生物は生きていくために、エネルギーが必要です。そのエネルギーを、生物は太陽光を中心とする自然の営みの中で手に入れています。しかし人間は火と道具を使うことを覚えてから、自然の生態系の束縛から離れ独自のエネルギー入手の歩みを進み始めました。（ギリシアの哲学者は人間を「宇宙からさまよい出た宇宙の迷子」と呼んでいます。）その行き着いた先が現代の高度工業化、大量消費の社会、そしてその上に成り立つ快適な「文化生活」です。この流れの中で、膨大なエネルギーが必要となり、なかでもクリーンで万能とされる電力の需要が飛躍的にのびたのです。水力発電が古典的な供給源でしたが、工業の発達とともに簡便な石油・石炭・天然ガスなどの化石燃料による火力発電に重点がうつり、さらに無限に近いエネルギーを秘めた原子力による発電が開発されてきました。天然資源に乏しく化石燃料など輸入にたよらなければならない日本では、原子力発電推進政策が進められることになります。いったん運転が開始されれば、燃料費（ウラン燃料）が比較的安価ですみ、低価格の電力供給が可能になること、ローマクラブの警告した化石燃料枯渇の回避、温室効果ガスの排出を抑える地球温暖化対策の実践というメリットが推進派によって掲げられています。なお、未解決問題とされている原子力発電によって生じる使用済み核燃料については、(1)再処理工場で一部は濃縮ウランを生成して再利用する。他の一部（残存ウランと発生したプルトニウム）は高速増殖炉によって循環的に核燃料を拡大再生産しつつ発電をおこなうことで核燃料サイクルが可能となる。(2)こうした行程の最後に残る高レベル放射性廃棄物は最終処分場でガラス固化体にして強靱なステンレス製容器に封じ込め地殻変動を受けにくい

事故前の福島第一原発1-4号機（2007年10月29日）〔朝日新聞社提供〕

地盤の地下深くに定置する方法（地層処分）によって解決することが可能である、というのが推進派の主張です。

　これに対して、原子力発電の継続や推進に反対する立場の主張の論点の主なものは次のようにまとめられます。

⑴　原子力発電所の安全性に対する信頼を裏切るような事故が実際に起きている。しかもいったん事故が起こった場合は、放射性物質の拡散により国内の一地域、一時期にとどまらない被害が広がる。事実1986年4月に起きた旧ソヴィエト連邦（現ウクライナ）のチェルノブイリ原子力発電所で起きた事故では、上空に拡散した放射性物質が近隣諸国はもとより、ヨーロッパ全域に降下、農作物、牧草などが汚染された。また、2011年3月11日東日本大震災発生により東京電力福島第一原子力発電所では外部電源が停止、津波により発電所内の非常用ディーゼル発電機が作動不能という全電源喪失事態になり、ついに水素爆発を起こし、放射性物質が上空に拡散、東北地方南部、関東地

東京電力提供、福島第一原発 3 号機（2011 年 3 月 21 日）〔朝日新聞社提供〕

　方から新潟で自然にはない放射線量が観測されたほか、偏西風によっ
て地球を一周して運ばれたと思われる原子炉で発生する放射性物質が
大阪で観測されたと報告されている。

(2)　核燃料を有効に利用することを可能にするとされる高速増殖炉の実
現を目指し建設がすすめられた原型炉「もんじゅ」は 1995 年、原子
炉内を循環させるナトリムが漏れ出し再開のめどがたっていない。理
論的には可能とされても、放射性物質のほかに水と触れると激しく反
応するナトリウムを大量に扱う高速増殖炉で、一瞬のミスも許されな
いコントロールが実際に可能なのか。二重、三重のセーフティーネッ
トを設けても重大事故の可能性をゼロにすることは難しいのではない
か。それでは経済的に採算がとれないから高速増殖炉計画から撤退す
る、というよりは科学の発達によって克服できるとの信念に反省を加
え、人知の限界を謙虚に認める段階にきているのではないか。

(3)　原子力発電で避けて通れないのは、放射性廃棄物の問題である。使
用済核燃料を再処理して再利用しても、高速増殖炉でリサイクル利用

ドイツ南部、マイナウ島のレストラン施設の、ウッドチップを使った熱電併給設備〔写真：Eckhard Hitzer〕。

しても、放射性廃棄物が発生する。特に放射能レベルの高い高レベル廃棄物の処分は、推進派は地層処分に自信を持っているが、将来1万年以上密封して地下深くに保管できるフィンランドのオンカロ地層処分場をつくれるような安全な地層が、地震・火山国日本で見つかる保証はほとんどない。

(4)　使用済み核燃料は目下ほとんど未処理のまま各原子力発電所の貯蔵プールで水を循環させ冷却しながら保管されており、再処理にせよ地層処分にせよ将来の見通しはたっていない。しかも貯蔵プールはすでにほぼ7割は埋まっており、再稼働してさらに廃棄物を増やすのか。（日本ではあまり問題にされていないが、廃棄物にはプルトニウムがふくまれており、それを分離して純度を高めれば、核爆弾を製造することが可能であり、テロリストの標的になりかねない。ドイツではこの危険性が、原発廃止の理由の一つになったのである。）

(5)　老朽化をさけられない原発は必ず寿命を迎え、廃炉作業がはじまることになる。この作業は危険と隣り合わせで数十年はかかるとされている。しかもそれには莫大な費用が必要であることも試算されている。しかし各電力会社は、廃炉費用については、消費者に情報を提供していない。廃炉では当然高レベルの放射性廃材が大量に排出されることは確実なので、再び放射性廃棄物の処理問題が浮上する。これ以上廃

棄物を溜めないためにも、早期に原発の稼働を停止すべきである。

(6) 現在の快適・便利な生活を享受するために、あるいは地域経済をうるおす交付金を受けるために原発再稼働を要請する、というのは今の世代のエゴイズムである。目先の利益のために、次世代に廃炉の数十年を押しつけ、さらに1万年以上という気の遠くなるような放射性物質の封じ込め期間を将来世代に負わせることになるのである。彼らに全く責任のない負の遺産を背負わせることが、いかに人の道に反するかを理解しない人間がいるだろうか。

(7) 温室効果ガスの源となる化石燃料の消費を抑え、現在の使用電力、さらに将来経済成長によって増加がみこまれる電力量を、原発なしで供給することは、不可能であるとの主張が日本では繰り返されてきた。しかしバイオマス、太陽光、風力などによる発電がめざましい進歩をとげてきており、原子力の利用なしで進むことが可能になる。事実脱原発を進めるデンマーク、ドイツ、ポルトガルなどで夢物語ではないことが示されてきている。いずれも自然にやさしい発電であり、人類が将来目指すべき方向が示されている。

以上が原子力発電継続に対する、疑問と反対の立場からの主張です。なお、原子力発電に代わるものとして核融合による発電の研究が進められています。水素とその同位元素を融合させることによって生じる大きなエネルギーを利用しようとするもので、地球にミニ太陽をつくる試みといわれています。この場合は温室効果ガスや高レベル放射性廃棄物も発生せず、核分裂のように暴走を引き起こすことがなく、成功した暁には夢のエネルギーが実現すると、宣伝されています。しかし、核融合を起こさせるには超高温、超高真空が必要とされ、融合炉の強度、耐用時間など未知の問題が山積していることも確かです。科学技術の発展によって近未来に実現可能であると信じる研究者がいますが、地球で与えられている素材の有限性に科学の限界を予見する学者もいます。現在のところは、自然の再生エネルギー利用を推進する方向をまず進むべきか

と思われます。

　これまでエネルギー問題、とくに原子力発電について考えてきましたが、私たちの後から生まれてくる世代、将来世代まで視野にいれながら具体的な政策決定を吟味検討しなければならないことが、浮かび上がってきました。しかもこれはエネルギー問題に限られることではありません。ここで20世紀末頃から重大な関心を集めている「世代間倫理」という考え方についてふれておきたいと思います。

世代間倫理または未来倫理

　第二次世界大戦後、アメリカをはじめヨーロッパの国々、さらに戦禍の復興につとめる西ドイツや日本は、高度経済成長とよばれる流れにのり、化石燃料の大量消費のもとに、高度工業化社会を実現し、人々も快適な文化生活を享受するのが当然のこととうけとめられてきました。しかしその結果として、1960年代後半頃から、自由主義経済による貧富の格差の増大、既成権力の硬直化、産業廃棄物による公害が明白になってきたのです。こうした折、1972年に出されたローマクラブの警告、続いて起こったオイルショックは、これまで先進国がつき進んできた歩みに対し反省をせまることになりました。と同時に、ではどうすべきなのか処方箋を示すことが求められ、哲学者、政治学者、経済学者たちは知恵をしぼることになりました。そこで特に浮かび上がってきたのが、まだ生まれてきていない将来の世代に対し、現在の世代の人々の生き方がどうかかわっているのか、世代間倫理、未来倫理という問題です。いま存在していないものに対して、責任をもつことが可能なのかなど、難しい議論はさておいて、いま現実に進行している具体的な問題をあげてみます。

⑴　現在の経済成長を維持するために、これまで通り石炭・石油・天然ガスなどを消費し、産業廃棄物を排出し、地球温暖化を防ぐこともし

ベルリンの風力発電〔木村護郎クリストフ撮影〕

ないで、資源が枯渇した環境、また汚染された劣悪な自然の中で私たちの子孫が生きることになっても、それが彼らの運命だなどと割り切ってよいのでしょうか。

(2)　地球温暖化対策にもなり、安い電気エネルギーを供給するとの名目で原子力発電を続け、放射性廃棄物（中には1万年以上にわたって厳重な警戒保管を必要とするものもある）を将来の世代に残すことになってもよいのでしょうか。

(3)　自然環境の悪化によって、生物の中に絶滅する種がでてきて、自然界のバランスが崩れ、さらに自然環境が悪化するということが明らかになってきています。その結果についてはまだ不明なことが多く、バランスを失った自然のもつ未知の危険に将来世代をさらすことになりかねません。

今あげた具体的な問題に対して、国際的に、持続可能な開発会議が開催され、気候変動枠組条約、生物多様性条約などによる国際協力が試みられてきていますが、そのおおもとには、これまであまり考えてこられなかった未来の世代までも視野におさめた行為の選択という倫理問題があることがわかるでしょう。現代では、私たちと全く交渉のない地球上

のべつの地域の人々に対してもその身を思いやるのが当然であるという
考え方が受け入れられてきています。この場合以下のルールをまもるこ
とが必要であると主張する人々がいます。

⑴　ある限られた地域の人々が、他の地域の無関係な人々を危険にさら
　　して、自分たちの利益を求めてはならない。
　　　この主張を世代間に応用すると、
⑵　現在生きている世代の人々が、将来世代の人々を危険にさらして、
　　自分たちの利益を求めてはならない、というルールになります。

　絶対平和主義と同じくらいに絵空事にすぎないと感じられるかもしれ
ませんが、異文化の共生が求められている現在、まだ生まれ出ていない
世代との共生の問題に私たちは、目を向けるべき時にきているのではな
いでしょうか。

【コラム】　ドイツのエネルギー転換の倫理的側面

　〔原発にたよらないエネルギー政策に踏み切った代表的な国がドイツ
　です。どうしてドイツはこのような選択をしたのでしょうか。政策
　決定において「倫理」が果しうる役割について考えてみましょう。〕

福島第一原発事故へのドイツ政府の反応

　とりわけ2011年の福島第一原発事故以来、ドイツが進める脱原発が
注目されています。ここでは、ドイツが脱原発を含むエネルギー転換を
推進する理由についてとりあげたいと思います。といっても、原発をめ
ぐる論点はすでに述べられているので、ここでは、脱原発の一つの背景
としての倫理的な観点の役割について考えてみましょう。

　ドイツのメルケル首相は、福島第一原発事故の直後、3月17日に、
原子炉安全委員会という、原発事故以前から設置されていた委員会に、

原子力発電所が安全であるかを技術的観点から検証することを要請しました。この委員会の鑑定書が5月14日に出て、ドイツの原発は基本的に安全であるという見解を示しました。ところが一方で、メルケル首相は、4月4日、「安全なエネルギー供給に関する倫理委員会」を新たに設置したのです。外部の有識者やエネルギー関係者などによる公開討論会をふくむ議論の結果をふまえて、倫理委員会は5月30日に報告書を出して、原子力発電を10年以内にやめるということを提言しています（安全なエネルギー供給に関する倫理委員会著、2013）。

　ドイツ政府はこの倫理委員会勧告にそって、2022年までに原子力発電をすべてやめるということを2011年6月6日に閣議決定します。そして6月30日に脱原発法案を連邦議会下院で可決しました。この議決では620人の議員のうち賛成513票という圧倒的大多数でこの脱原発法案を可決するのですが、反対票を投じた79人のうち大部分も原子力を続けたい人たちではなく、もっと早くやめるべきだという主張で反対したので、実質的にはほぼ全会一致でした。すでにメルケル首相の前のシュレーダー政権でうち出されていた脱原発の方針は、これ以降、さらに強力に推進されることになります。

倫理委員会の役割

　このように、ドイツの現在の脱原発政策は、倫理委員会というものを設置してその答申をふまえたうえでメルケル首相が決断をした、という体裁になっています。では、この倫理委員会が果たした役割は何だったのでしょうか。先ほど見たように国会ではすでにほぼ合意に達した状態と考えてもいい状況でした。したがって倫理委員会の役割は、政策の新しい方向を提起するというよりは、広く社会的に合意形成をするプロセスの一環として議論を行っていくということ、そしてその結果をまとめて示すことによって、脱原発の理由づけをはっきりさせるということであったと考えられます。

　倫理委員会の役割について、倫理委員会に委員として加わったミラン

ダ・シュラーズ（ベルリン自由大学教授）は日本の読者に向けて次のように述べています。

> 特定の政策や経済的選択にともなう倫理的次元の問題が、キリスト教会やNGOなど社会団体や政党、そしてメディアによって充分検討されなければならないということが、ドイツ社会では、よく受け入れられているのです。これはおそらく、ドイツの文化を背景にしているもので、政策に充分な倫理的配慮をともなわなかったドイツの暗い過去の教訓から出発していると思われます。……ドイツでは原子力の倫理的問題について、もっと以前から長い議論がありました。その議論は少なくとも過去40年以上続いてきたのです。したがって、私たち「安全なエネルギー供給に関する倫理委員会」は、原子力エネルギーに関連した数多くの倫理的問題に、あらためて深く立ち入る必要はありませんでした。これらはすでにドイツの教会や環境グループ、平和運動家、学校、地方・州・連邦レベルの各議会で、長らく議論されてきたのです（安全なエネルギー供給に関する倫理委員会著、2013：8-9頁）。

さらに、倫理委員会の報告書には次のように述べられています。

> 原子力エネルギーの利用やその終結、そして他のエネルギー生産による代替についての決定は、すべて社会における価値決定にもとづくものであり、これは技術的側面や経済的側面よりも先行するものです（同上書：40頁）。

これを、科学技術のシビリアンコントロール（非専門家統制）の一形態と考えることもできます。軍隊のシビリアンコントロール（文民統制）については聞いたことがあるかと思います。これは軍隊がいつ・どこに出動するかは軍人ではなく文民が決めるということです。日本の場合は内閣総理大臣に決定権があります。つまり軍隊が暴走しないようになっています。同じように技術についても、専門家に任せると、技術をどん

どん使っていくという一方的な流れになりかねない。よって、科学技術についても社会的にこうしたほうがいいという観点からコントロールをしていくという考え方ができるのです。

倫理的観点の評価について

このような、エネルギー問題へのドイツの対応の仕方について、技術面や目先の経済面が優先されがちな日本では、日本の政策論議に足りない部分として肯定的に評価する意見が見られる反面、ドイツ人は理念ばかりが先走っているという批判もあります。しかし、シュラーズが指摘していたように、倫理委員会は、数十年にわたる議論の蓄積のうえに立って結論を出しています。そして倫理委員会の議論は、現実から遊離した観念論にもとづく心情的な倫理ではなく、ドイツが直接に影響を被ったチェルノブイリ原発事故や、現実に処分場が決まらないまま溜まり続けている放射性廃棄物の存在を見据えて責任をとるという観点にもとづくものであることは押さえておく必要があります（シュペーマン、2012）。問題は、しばしば言われるような、現実か理想かということではなく、現実をどの程度広い観点からとらえるか、なのです。

参考文献

安全なエネルギー供給に関する倫理委員会著、吉田文和、M. シュラーズ編訳（2013）『ドイツ脱原発倫理委員会報告／社会共同によるエネルギーシフトの道すじ』大月書店。

ローベルト・シュペーマン著、山脇直司・辻麻衣子訳（2012）『原子力時代の驕り──「後は野となれ山となれ」でメルトダウン』知泉書館。

4　社会福祉と憲法

　第Ⅰ部の2「民主主義とは何か？」で筆者は、「ポスト民主主義」の議論を取り上げました。その中心にあるのが、近年、いわゆる民主主義先進国といわれる多くの国々でも、社会格差がひろがってきたということでした。社会福祉、社会保障、生活保障などが停滞し、陰りを見せているのは、日本だけではありません。ここには現代の資本主義の変容という問題が見られます。従来の製造業中心の資本主義は、国民経済の枠組みで展開され、福祉国家の国是もあり、ある程度の公共性が保持されていました。しかし、現在はグローバル金融資本主義という形態で、国際競争に打ち勝って持続的な経済成長を遂げることに重心を移し変えていったのです。その背景には、1980年代後半から90年代にかけての国家型社会主義経済の失敗——ソヴィエト連邦を中心とした共産主義諸国の解体——がありました。社会主義経済という対抗者が消えた資本主義は、そのひとり勝ちの世界で大企業や富裕層に有利なグローバル金融資本主義へと足早にシフトしていったのでした。

　それ以前は、第二次世界大戦前から資本主義諸国は、労働者の労働条件や社会権を重視する社会主義経済を重要な対抗者として意識していました。どうやって労働者層や社会的弱者の福祉政策や労働政策を充実していくのかという課題が、資本主義の枠内でも追求されていきました。とくに、アーサー・ピグーからアマルティア・センに至るまでの厚生経済学の系譜、またケインズ経済学の系譜も、資本主義と福祉国家の枠内でいかに社会的弱者の福祉や社会保障を充実させるかという問題に真剣に向き合いました。今はこのような経済的施策は、スカンディナヴィア諸国など、世界の一部を除いて資本主義陣営にもなかなか見られないものとなっています。それは、いったいなぜだったのでしょうか。一つの理由としては、1990年代のヨーロッパの多くの中道左派政

権の挫折を挙げることが可能だと思います。当時のヨーロッパの国々では、イギリス労働党のブレア政権（1997－2007年）、ドイツの社会民主党を中心に緑の党と連立を組んだシュレーダー政権（1998－2005年）など、多くの中道左派政権 —— 当時の EU 加盟国 15 カ国のうちで 13 カ国 —— が生まれたのでした。しかし、これらの政権の多くが、政策目標として挙げた就労や経済再建や雇用の回復、財政赤字の削減などで失敗しました。結局、多くの国々が、経済の活性化の面では大企業の優先とそれによるトリクルダウン型（富裕層から中間層・下層へと経済的利益がしたたり落ちるとする手法）の経済振興政策を採用せざるとえませんでした。こうして 21 世紀初頭には、ヨーロッパ諸国においても、急速に経済・金融・投資と投機のグローバル化が進んでいきました。1980 年代以降の現代国家は、しばしば「経済政体」ないし「政治経済体制」と呼ばれるようになりました。それは、国家の基本政策が、大企業を中心とした経済界のニーズ、またそれとの緊密な協力関係にある統治組織のニーズによって決定される経済主導の政治体制を意味します。その場合、「政治」は「経済」の変数になってしまうリスクが高くなります。形式的には民主主義や立憲主義であっても、実質的には憲法を基軸とする「デモクラシーの政治」は地に墜ち、経済主導の「システムの政治」が支配するようになります。

　振り返ってみます。戦後の日本政治も、独特の仕方で一種の「経済政体」——「日本株式会社」—— の運営であり続けてきました。いわゆる「政官財」（政界・官界・財界）の鉄の三角形と呼ばれた日本型「経済政体」においても、財の拡大再生産と国際競争力の強化の戦略が、最優先されることになりました。日本でも 1980 年代以降、当時は「新保守主義」—— 現在の「新自由主義」とほぼ同義 —— と呼ばれた「構造改革」のスローガンの下、規制緩和、民営化、行政改革が叫ばれました。またバブル崩壊に始まる 1990 年代の長期的不況を経て、2001 年以降、「聖域なき構造改革」という標語の下に新自由主義的政策（法人の国際競争促進、福祉・公共サービスの縮小など）が大々的に推進されていきました。

その結果、「デモクラシーの政治」の後退と社会保障の劣化は激しいものとなりました。この10年ほどはさらに、新自由主義的政策のもとに格差社会化に拍車がかかりました。その結果、ワーキングプアが数多く生まれ、かなりの数の若者は失業や非正規雇用に追いやられました。母子家庭、高齢者、失業者、障害者は、深刻な貧困、社会保障の劣化にさらされるという苦境に直面しています。湯浅誠は、こうした社会を、「うっかり足を滑らせたら、どこにも引っかかることなく、最後まで滑り墜ちてしまう」という意味で「すべり台社会」と呼びました。

三つの民主主義

　現代の民主主義には、三種類あると言うのは適切です。第一に自由民主主義があります。これは、すでに第Ⅰ部2の「民主主義とは何か？」で説明しましたように、代表制民主主義（議会主義）、複数政党制、普通選挙制、資本主義や市場経済との親和性という特徴をもっています。日本国憲法には、この自由民主主義を前提とした文章や条文が多数あります。経済学者のヨーゼフ・シュンペーターが、その影響力の大きな名著『資本主義・社会主義・民主主義』（1942年）で与えた次の定義は、この自由民主主義を念頭においたものでした。「民主主義とは政治的決定に到達するための一つの制度装置であり、そこでは諸個人は人々の投票をめぐる包括的な競合を通じて決定権を獲得する」。

　現代の民主主義の二番目の形態は、参加民主主義です。これはしばしば「古典的民主主義」、「純粋な民主主義」と呼ばれてきたもので、古代ギリシア型民主主義としてすでに紹介しました。参加民主主義は、とくに地方自治体や地域といった小規模な領域での住民の「直接参加」や「自治」を強調します。

　19世紀前半にアメリカを視察したフランスの貴族アレクシス・ド・トクヴィル（1805 - 59）は、その古典的著作『アメリカのデモクラシー』（第1巻1835年、第2巻1840年）を書きました。そのなかで彼は、植民

地時代のアメリカのタウンシップ（町などの自治体）における住民の直接参加の民主主義にすこぶる感銘し、新しい政治の姿がそこに見られたことへの驚嘆を書き記しています。「アメリカにおいてアメリカ以上のものを見た」、それは「民主主義それ自体のイメージであった」。そして続けてこうも述べています。

> 大いなる民主革命がわれわれの間に進行している。……社会をいま統治している人々に課された第一の義務は、民主主義を指導することである。すなわち、可能なら民主主義の信念のなかに新しい生命を吹き込み、その習俗を純化し、その行動を制御して、現在の未熟さに替えて卓越した統治術をあてがい、盲目の本能に替えてその本当に利害に関する知識をあてがうことである。それ自体きわめて新しい世界には、新しい政治学が必要とされる。

　第三の民主主義の形態は社会民主主義と呼ばれてきたものです。これこそ、日本国憲法のなかでも強い根拠をもって擁護されている民主主義です。とくに後述する第25条の「社会的・文化的生存権」保障の規定を基礎づけているのは、この社会民主主義の見地だと言って間違いありません。

　20世紀の歴史において社会民主主義は、福祉国家を基礎づけてきた民主主義の理論と実践として大きな役割を果たしてきました。今日でも社会民主主義は、社会福祉、社会保障、生活保障、貧富の差の是正、社会的弱者の救済などにコミットしています。立憲主義の課題やテーマは、このようにこれら三種類の民主主義の理論と実践と密接不可分の関係にあります。第I部2「民主主義とは何か？」では、すでに第一の類型の自由民主主義と第二の類型の参加民主主義に触れるところがありました。

　次節では、第三番目の類型の社会民主主義に触れておきたいと思います。

社会的・文化的生存権の保障 —— 日本国憲法第 25 条

　日本国憲法の主要な特徴の一つで永続的貢献は、既述したその三大原理（主権在民、基本的人権の尊重、平和主義）を反映した二つの生存権の規定にあります。第一は憲法前文に見られる「平和的生存権」で、「全世界の国民が、ひとしく恐怖と欠乏から免かれ、平和のうちに生存する権利を有することを確認する」という文章です。ここで取り上げたい二つ目の生存権は、社会福祉と社会保障・公衆衛生の意味合いの強いもので、ここでは一応「社会的・文化的生存権」と呼んでおきたいと思います。これら二つの生存権規定は、民主主義、基本的人権、平和主義という三つの憲法原理それぞれの精髄を表すもので画期的です。

　　第 25 条　すべて国民は、健康で文化的な最低限度の生活を営む権
　　　　利を有する。国は、すべての生活部面について、社会福祉、社会
　　　　保障及び公衆衛生の向上及び増進に努めなければならない。

　社会権の規定において際立った特質をもつドイツのかつてのワイマール憲法の影響下にあるとされるのが、この 25 条です。25 条で規定されている「社会的・文化的生存権」保障は、とくに社会民主主義の活性化と充実化をもって初めて成し遂げられる事柄です。この条文に見られる「健康で文化的な最低限度の生活を営む権利」という注目すべき表現は、占領軍 GHQ 民政局の当初の原案にはありませんでした。これは、当時戦後初の国政選挙で選出された衆議院議員の森戸辰男などが挿入を提起して付加されたものでした。この条文で注目すべきもう一つのことは、後半部でこの「社会的・文化的生存権」の保障を国の責任と明言していることです。この規定により国は、「社会的・文化的生存権」の保障と実現を政策上義務づけられたわけです。そして同時に「社会的・文化的生存権」保障は、国の政策評価基準としても明示されたわけです。

　1960 年代半ばから 70 年代にかけて提唱された松下圭一の画期的な

「シビル・ミニマム」の議論は、この点では今なお注目に値します。「シビル・ミニマム」とは、松下理論においては「市民自治による市民福祉」を意味していますが、二つの具体的な意味合いを保持しています。第一にそれは、市民の最低限の生活保障という明確な民主主義的目標を掲げるものです。第二の意味合いは、「自治体の政策公準（要請）」の側面であり、社会福祉・社会保障・社会関係資本・社会保険の総合システムとして数量的に指数化されて自治体にその保障と実現を義務づけるものです。こうして「シビル・ミニマム」は、市民福祉の内容を明確化するとともに、自治体による政策公準の規程を提示しました。民主主義の観点から「シビル・ミニマム」の意義と考えられるのは、一つには社会的に脆弱な立場に置かれている人々への支援と保障強化というその社会福祉的な含意です。これにより社会福祉・社会保障・社会関係資本・社会保険の「政策公準」が明確化され、具体的な日常レベルでの生活保障が強化される展望が得られます。加えて、それが大いに参加民主主義的意義をも含有していることは、言うまでもありません。見過ごせないメリットとして、この理論と政策提言が、国や自治体の部局の上からのタテ割り施策の慣習を打破するばかりではなく、さらに市民の間の自発的な討議や協力や参加を促す面があります。これは熟議（審議）民主主義につながるメリットです。

　こうした第 25 条の憲法規範もあって、第二次世界大戦後の日本社会は、1960 年代から 80 年代初めに至るまで、世界のなかでも社会的格差の格段に少ない社会として広く認知されていました。人々は当時の日本社会を「一億総中流社会」と呼びました。しかし、1980 年代半ば以降のバブル経済、そして 1990 年代以降のバブル崩壊の後、日本社会はみるみるうちに格差社会化していきました。そして今日、相対的貧困率（所得中央値の半分未満の国民の割合）は 2016 年 6 月現在、16.1％で、経済協力開発機構（OECD）加盟 34 カ国中ワースト 6 位になるまで落ち込んでいます。こうして現在では、年収が 150 万円に満たない給与所得者が急増し、さらに非正規雇用の占める割合が、とくに 15 歳から 24 歳の若年

層においてきわめて高く、また女性の方が男性よりもはるかに高くなっています。まさに現在、上記の憲法第 25 条が規定する「社会的・文化的生存権」の保障の問題が、日本の政治と市民社会に問われていると言えるでしょう。

エピローグ —— 幸福について

　以上、第Ⅰ部ではみなさんが、一票を投じる前にこころに留めておい
ていただきたいことを述べました。憲法の役割、民主主義の光と影、私
たちをとりまく現代の問題群とその解決の糸口について執筆者たちの考
えを紹介しました。第Ⅱ部では今日のさしせまった課題を四つとりあげ
てみました。憲法改正問題、経済成長をめぐる問題、エネルギー問題（と
くに原子力発電で避けて通ることのできない問題）、そして日本の未来の姿
を問う福祉問題です。どのような答えを出すか、私たち一人ひとりが
しっかりした意見を準備しておかなければ、次世代に対して禍根を残す
ことになります。みなさんにはこれらの問題に対してまず関心をもつこ
と、そして自分なりの意見を出してみることをお願いしたいのです。そ
の際、経済的繁栄（俗っぽくいえば「お金」）という餌に惑わされてはな
らぬことを私としては申し上げておきたい。聖書にはイエスの言葉が伝
えられています ——「あなたがたは、神と 富 とに仕えることはできな
い」（『ルカによる福音書』16・13）。

　ところで、2012年6月20-23日、「国連持続可能な開発会議（リオ＋
20）」がブラジルのリオデジャネイロで開催されました。会議では、持
続可能な発展と世界の貧困をなくすことがテーマの一つとなりました。
この会議に招待されたウルグアイのムヒカ大統領が、スピーチを行って
います。その中で大統領は、現在の裕福な国々の発展と消費をモデルに
人類が未来を目指すことに警告を発しました。大気汚染、資源の枯渇な
どの地球の危機問題よりも重要な危機問題は、無限の消費と発展を求
める現代社会の政治のあり方そのものにあるというのです。—— 資本主
義、市場経済、グローバリゼイションは、いやでも残酷な資源獲得競争、
消費拡大競争を推し進める。この流れに支配されながら、「みんなの世
界を良くしていこう」というような共存共栄の議論ができるのだろうか、

問題の源は経済発展、発展のための消費、消費のための使い捨てという悪循環にある。「発展は人類に幸福をもたらすもの、愛情や人間関係、子供をそだてること、友達をもつこと、そして必要最低限のものをもつこと、（発展は）これらをもたらすべきなのである。」今こそ政治が、私たちの実行してきた社会モデル、ライフスタイルを見直さなければならない。—— 大統領はこうした趣旨のことを訴えています。

　このスピーチを材料に、みなさんと考えてみたいことがあります。第一は、現在指摘されている地球環境危機に対するムヒカ大統領の診断です。この危機の根本の原因は、コントロールを失った経済発展にあるとする判断です。決して石器時代にもどれというわけではなく、人類の共存共栄、幸福をもたらすような発展をめざすべきであるというのです。このような主張は精神論で、現実に存在する国々の間の貧富の差、人口、国を支える産業の種類、資源、労働力、生産力などを無視した空論にすぎないと批判されます。具体的政策の提示なくしては、問題解決の道筋は見えてこないではないか。しかし筆者は、政治的指導者たちがまず、自国第一主義から脱却し、人類共生の理想を掲げて欲しいと願っています。そうすれば具体的政策の立案、判断も自然に変化が見られるのではないでしょうか。

　第二は、ムヒカ大統領の上にのべた診断のよりどころとなっている哲学とも呼べるものです。第Ⅰ部でみなさんに、「どのような世界が理想的なものなのか、日本はどのような進路をとるべきか」について考えておいていただきたい（9頁）、とか、私たち一人ひとりが哲学者となって政治を考え投票に臨む（44頁）、などと述べましたが、このスピーチは、その具体的な一例を提供してくれていると思われます。大統領は「幸福とは何か」について自分なりのイメージをもっています —— 人は本当に少しのもので幸せを感じることができるもの、自分のなかに幸せがあれば余計な荷物を背負うことなく自由でいられるもの、無駄な消費生活に酔うとき、私たちはそのお金をかせぐために使う人生の時間と自由を犠

牲にしている、自由を手にいれれば自分の好きなことに時間を使い、人への愛と寛容を実践することができるのだ。インタビューなどでの発言からおおよそ以上のような主張が浮かび上がってきます。人生哲学、人生訓、大統領の信念にすぎないといえるかもしれません。この主張を耳にするといろいろな疑問が湧いてくるでしょう。「（それが手に入れば幸せを感じることのできる）少しのもの」とは何か、どのような生活が「無駄な消費生活」なのか、「自由を手に入れれば」私たちは「人への愛と寛容を実践する」ものなのか、などなどです。でも疑問を見つけることが大事なのです。みなさんは、先輩のこうした「幸福について」の信念をとりあげて、どの点が納得できないのか、どの点については賛成で、どの点については反対なのか、またその理由は何かなどなど、友達といろいろ議論をしてみてください。

たしかに、「幸福とは何か」などと真っ向から質問されるととまどってしまいます。人それぞれ幸福と感じるところは違うのが現実で、共通の答えなどありえないと言いたくなります。では、人は、わがまま勝手に自分さえよければいいのだという生き方に幸福を感じ、安住できるものでしょうか。

ここで、幸福という硬い言葉とほぼ同じような意味で日常よく聞く「幸せ」という言葉の使い方を考えてみます。私たちが幸せと感じるいろいろな場面を思い浮かべてみてください。たとえば空腹の時にいただく食事のおいしさと満足感に、思わず「ああ幸せ」と言うことがあるでしょう。これは、日常生活で普段は気づかないことでも、なにかのはずみで欠け、それが満たされたとき「幸せ」と感じる一例です。このような経験は、睡眠をはじめ体に関すること、健康など一番身近なところでおこります。つまり私たちが生きていくための基本的・本能的な欲求が満たされるときに「幸せ」と感じるのだといえるでしょう。しかし、この幸せ感は、一時的なもの、欲求が満たされると安心してしまい、すぐ消え去り忘れ去られがちなものです。

つぎに、普段は気づかず生活している時にひょっと身の危険を経験し、

助かったときに意識する幸せ感があります。ニュースで難民となっている人々の生活を知るとき、自分の身の幸せと難民への同情を覚えるのも同じ心の動きといえるでしょう。つまり、自分の身が安全に守られていることに気づくとき思わず感じるものです。

さて、いったんこうした衣食住や身の安全が保障されると、私たちはそれらが欠けていたときの不安・不平・不満を忘れ、満たされたときの幸せ感も薄れてしまいます。と同時にここで安住できないような気分が頭をもたげてくるのを経験される人が多いのではないでしょうか。それは、自分ひとりで生活しているわけではなく、また自分ひとりで生活できるわけでもないことに気づく場面です。これまた普段は当然のこととして意識しなくなってしまっている周りの人々の存在です。自分がこうした人々から切り離され、孤独感におちいった時、友人・仲間がそばにいてくれる幸せ感は安心・平安・安らぎを伴うように思われます。加山雄三の歌う「君といつまでも」のせりふ「ぼくはしあわせだなあ」は一世を風靡しました。

さらに友人・仲間たち、あるいは社会生活の中でなにかをなしとげたとき、自分が認められたと感じる幸せ感を経験する場合があります。衣食住や身の安全、友人の存在によって感じるこれまでの幸せ感とはどこか違います。これまでの幸せ感が、外から与えられるものによるのに対し、こちらは自ら選んだ行為が生み出したものだからです。

さらに自分が持っていると感じる能力をフルに発揮できるとき、あるいは他の人とは置き換えられない自分らしい生き方を実現できるとき、やはり幸せ感をおぼえるのではないでしょうか。

以上はアメリカの心理学者エイブラハム・マズローが人間の欲求について分析した成果（欲求五段階説）を利用して、その欲求が満たされるときに感じる幸せ感を整理してみたものです。日常的な経験から人生の目的が問題になる場面まで、一言では表せない多様なケースが出てきますし、上に紹介した順番に段階的に幸せ感が進むわけでもありません。場合によっては、いろいろなケースが混在しているのが普通に経験する

ところでしょう。これらを総括し普遍化して「幸せ」について一言で語ることは不可能に思われます。かといって「幸せ」なんて人それぞれ各人各様で主観的なものと言い切ってしまってよいか、といえば、私たちには不満が残るのも確かです。私たちはお互いに日常会話で、それは幸せとはいえないとか、いや幸せであるというせりふを口にします。一つの言葉（ここでは「幸せ」）に共通理解がなければこうした会話は成立しないはずです。たとえば会話で「犬」とか「猫」が話題になる場合、私たちはこの二語の指示するものについて迷うことはありません。ところが、たとえば「あの乙女は美しい」とある人が言うと、「いや、ちっとも美しくないよ」と反対する人が出てきてもおかしくありません。しかし二人の間で「美しい」という言葉に共通理解がなければこの会話は意味をなしません。「良い」「正しい」などの場合も、同じ事柄について用いても賛否の意見が分かれることが起こります。「幸せ」も同じように意見が割れます。しかし、私たちが議論するときお互いに「幸せ」とはどのようなものかを知っていることを無意識に前提としているのです。それは両親、周りの人々、友達、学校の先生の話、さらにはラジオ・テレビなどで「幸せ」という言葉が用いられているのを聞いているうちに形成されてきたと考えられます。それは私たちの間で重なり合う部分もあれば、ずれている部分もあります。いろいろな場面で用いられているのを経験するうちに次第に重なりあう共通な部分が明確になってくるとともに、他の人と違う語感がはっきり意識されるようになります。その共通な部分について考えてみると、「幸せ」と口に出す時、その人には満足感・充実感・達成感がともなっているといえるでしょう。

　さて、「幸せ」という言葉についてその用い方を吟味してみましたが、以上を参考にして「幸福」という言葉の指すところについて考えてみます。ここで気づくのは、「幸せ」は、日常会話でいろいろな場面で用いられるのに対し、「幸福」が話題になるのは「幸福な人生」「幸福を追求する権利」「幸福とは何か」など、いったん立ち止まって反省を加えるような場面だということです。その違いは、「幸せ」感が絶えず流れ去

るのに対し、幸福には満足感・充実感・達成感がともなうと同時に、それらが一時的なものとして消えていくことはなく、長続き、持続する、むしろ一生を通じて実現されていくものと受け止められているところにあるように思われます。

ではなぜ、幸福について各人各様意見が異なり、主観的なものといわれるのでしょうか。それは、一人ひとりがどういう場合に満足感・充実感・達成感をおぼえているかの違いによるのではないでしょうか。私たちは、なにかを欲求していてそれが手に入った時、あるいは、なにかを目指していてそれを達成することができた時、満足感・充実感・達成感をおぼえるのは確かです。その際何を欲求するのか、何を目指すのかという点で一人ひとりの間で違いが出てきます。満足・充実・達成という点では、程度の差はあっても、同じような心の状態が生じていると思われます。つまり、違いは何を目的として生活を送るかにあるようです。

人生の目的というと大げさですが、私たち一人一人は、無意識のうちになにかを大切に感じて生きているのではないでしょうか。ある人は健康、ある人は富、そのほか名声、権力、芸術、学問、宗教などなど無数に考えられます。「では何のために」それを求めるのか、と問われると人によっていろいろ答えが違ってくるでしょう。

たとえば、人生にとって健康を第一と考える、と主張する人が、食事・運動・健康法に一日を使い尽くすのかと聞かれれば、いやな顔をするでしょう。「自分は政治家としての仕事を果たすためだ」「介護の仕事を滞りなく行うため」などをはじめ「人生を楽しむため」にいたるまで、答えは無数になると思われます。おなじく、富を何のために求めるのかと問われると、安楽な生活を送るため、美術品を収集するため、慈善事業を行うためなどなど、いろいろな答えがかえってくるでしょう。上にあげたそのほかのものについても事情は同じでしょう。

ここで見えてくるのは、上にも述べたように、どの場合もその人が目指す目的が実現した時に感じる幸福感は同じはずなのに、他の人の幸福感を劣っているとか、真の幸福を知らないとかけなしたりするのは、人

が実現する目的に対する評価によって差別しているのだということです。それぞれの人が実現したいと思っていること、それをとやかく言うことはできません。にもかかわらず、比較・評価したくなるのも否定できません。では比較するとき何をものさしとするのでしょう。上にあげた例の場合、みなさんは平等にどの目的も違いはないと思われますか。それとも、自分第一主義、利己的なものよりは利他的なもののほうに親近感をおぼえますか。筆者としては思いやりのこもったもの、利他的なもの、人に貢献することを目指すものを望ましく思います。ただし具体的にそれが何かは、生きていく現場で個々の状況で判断するほかないともいえます。しかし、なにかこのようなものさしを見つけ出し、満たされた心（満足感・充実感）、なにかを達成した喜び（達成感）が、一時的なものではなく、できれば、生きている場で続くような生き方を、みなさんが見つけられることを願ってやみません。

もっと考えてみたい人におすすめの文献

本書全体の基本姿勢を知る手がかりになる図書

加藤信朗『平和なる共生の世界秩序を求めて』知泉書館、2013 年
浜　矩子『お金さえあればいい？』クレヨンハウス、2016 年

第Ⅱ部でとりあげた問題関連の文献

改憲問題

千葉　眞『「未完の革命」としての平和憲法』岩波書店、2009 年
自由民主党憲法改正推進本部『日本国憲法改正案』（現行憲法対照）PDF、2012 年
奥平康弘・愛敬浩二・青井未帆編『改憲の何が問題か』岩波書店、2013 年
ダグラス・ラミス「ラディカルな日本国憲法」『ダグラス・ラミスの思想自選集 ——「普通」の不思議さ』萬書房、2018 年

経済と環境の問題

加藤尚武『環境倫理学のすすめ』丸善ライブラリー、1991 年

もっと考えてみたい人におすすめの文献

広井良典『定常型社会 —— 新しい「豊かさ」の構想』岩波新書、2001 年
本川達雄『生物多様性 ——「私」から考える進化・遺伝・生態系』中公新書、
　2015 年
松野　弘『環境思想とは何か —— 環境主義からエコロジズムへ』ちくま新書、
　2009 年

エネルギーと将来世代

関根一昭『これだけは知っておきたい高校生のための原発の基礎知識』平和文化、
　2004 年
吉岡　斉『新版　原子力の社会史 —— その日本的展開』朝日新聞出版、2011 年
小出裕章『日本のエネルギーこれからどうすればよいのか』平凡社、2012 年
北海道新聞社編『原子力　負の遺産 —— 核のごみから放射能汚染まで』北海道新
　聞社、2013 年
川名英之『なぜドイツは脱原発を選んだのか』合同出版、2013 年

社会福祉と憲法

千葉　眞『デモクラシー』思考のフロンティア、岩波書店、2000 年
筧　次郎『自律社会への道』新泉社、2012 年
橘木俊詔・広井良典『脱「成長」戦略—新しい福祉国家へ』岩波書店、2013 年

このほか限定されないトピックス

高橋源一郎・SEALDs『民主主義ってなんだ？』河出書房新社、2015 年
内田　樹編著『転換期を生きるきみたちへ』晶文社、2016 年
広井良典・大井浩一編『2100 年へのパラダイムシフト』作品社、2017 年

あ と が き

　本書の執筆者一同はどちらかといえば、人類にとっての諸悪の根源は、支配者ばかりではなく私たち一人一人の精神、魂の荒廃にあり、それを改めるには「魂の立て直し」(43頁参照) から始めなければならない、という考え方を支持してきました。しかし現在の政治の動きを目の当たりにすると、政治問題・社会問題・時事問題についても発言して、少しでも自分の頭で考え、自分の考えをはっきりさせ、自分で判断を下すことを試みなければならないと考えざるをえません。これらの問題は流動的で、大げさにいえば時々刻々変わり、それに対する対応も変わらざるをえないように思われます。しかし、それでも右往左往することなく、一本の筋を通した判断を下しながら、変化する事態に対処していかなければならないのではないでしょうか。このようなこころの準備をして選挙権を行使したい、行使していただきたいというのが私たちの願いです。今の時代、平和の大切さ、戦争反対を説くことは簡単です。しかし将来万一、仮想敵国の脅威を宣伝し、防衛費を膨張させ、同盟軍と共同軍事訓練を実践し、先制攻撃も辞さないという流れが起こり、いつのまにかこうした政策を肯定・賛同し推進する気分が国民の間で支配的になった場合、「ノー」と言えるでしょうか。「テロ等準備罪」の拡大解釈による拘束をおそれることなく、「非国民」という罵声もものともせず、一致団結して反対するグループが生まれるでしょうか。

　おそろしいのは、こうした時代の流れに疑問を感じても、自分一人の力ではどうしようもないことだとあきらめ、事なかれ主義に身をまかせ、黙認してしまう私たちのこころの弱さです。

　いつのまにか「魂の立て直し」の問題にもかかわってきましたが、とにかく的確な判断力を身につけるこころがまえだけはもつように努めたいと思います。

あとがき

執筆者を紹介します。

千葉　眞（ちば　しん）
1949 年（古川市、現大崎市）生まれ。早稲田大学政治経済学部（政治学科）卒業。PhD（プリンストン神学大学）。国際基督教大学（ICU）特任教授。
著　書『アーレントと現代』岩波書店、1996 年。『現代のプロテスタンティズムの政治思想』新教出版社、1988 年。『連邦主義とコスモポリタニズム』風行社、2014 年、など。

小坂節雄（こさか　せつお）
1950 年生まれ。神戸大学文学部（哲学科）卒業。外務省入省、主として貿易交渉に従事。スイス、ドイツ、オーストリア、韓国、ボツワナの在外公館に勤務、在ハンブルク日本国総領事を経て退職。ハンブルク州名誉大使、在神戸団体職員。

オデル，アダム（Adam O' Dell）
1994 年（米国、ノースカロライナ、グリーンスボロ）生まれ。ウェイク・フォーレスト大学卒業。東京大学大学院工学研究科バイオエンジニアリング専攻。春風学寮一粒奨学生。

本川達雄（もとかわ　たつお）
1948 年（仙台市）生まれ。東京大学理学部（動物学）卒業。東京大学、琉球大学、東京工業大学で教鞭をとる。東京工業大学名誉教授、シンガーソングライター（歌う生物学者）。
著　書 『ゾウの時間ネズミの時間』中公新書、1992 年。『世界平和はナマコとともに』阪急コミュニケーションズ、2009 年。『人間にとって寿命とは何か』角川新書、2016 年、など。

木村護郎（きむら　ごろう）クリストフ
1974 年（名古屋市）生まれ。東京外国語大学（ドイツ語学科）卒業。一橋大学大学院言語社会研究科修了、博士 (学術)。上智大学外国語学部教授（言語社会学）、エスペランティスト。
著　書 『媒介言語学を学ぶ人のために』（共編著）世界思想社、2209 年。『節英のすすめ —— 脱英語依存こそ国際化・グローバル化対応のカギ』萬書房、2016 年。『今こそ原発の廃止を —— 日本のカトリック教会への問いかけ』

カトリック中央協議会、2016 年（編集委員）、など。

眞方忠道（まがた　ただみち）
　　1938 年（横浜市）生まれ。東京大学大学院人文科学研究科（哲学専攻）満
　　期退学。秋田大学、神戸大学で教鞭をとる。神戸大学名誉教授。
　　著　書　『ファンタジーの世界』（共編）九州大学出版会、2002 年。『プラ
　　トンと共に』南窓社、2009 年。『人間観をたずねて』南窓社、2014 年。

［イラスト］
水野恵理子（みずの　えりこ）
　　1953 年（大阪）生まれ。神戸大学文学部（哲学科）卒業。奈良女子大学大
　　学院人間文化研究科修了、博士（学術）。日本音楽療法学会認定音楽療法士。
　　NPO 法人アゴラ音楽クラブ理事長。
　　著　書　『心とからだを育てる和太鼓』かもがわ出版、2018 年。

　　構想・編集は眞方忠道、千葉眞によりますが、全体を通じての誤りや
表現の問題などの責任は眞方忠道にあります。
　　末筆ながら、時の審判に耐えられるかどうか不安な本書の出版を引き
受け励ましてくださった南窓社岸村正路社長に衷心よりお礼を申し上げ
ます。また、「年若き友」に語るために忍耐強く貴重なご意見を賜った
編集の松本訓子さんに心より感謝の意を表します。

　　　2018 年 4 月 30 日

　　　　　　　　　　　　　　　　　　　　　　　　　眞 方 忠 道

はじめての選挙権
―― 年若き友に ――

眞方忠道・千葉　眞
編　著

2018 年 7 月 25 日印刷
2018 年 7 月 30 日発行

発行者　岸村正路
発行所　南　窓　社

〒 101-0065　東京都千代田区西神田 2-4-6
電話 03（3261）7617　Fax 03（3261）7623
E-mail nanso@nn.iij4u.or.jp

ISBN978-4-8165-0444-0

落丁・乱丁はお取り替えいたします。

眞方忠道 著

プラトンと共に

　物欲、権力主義の跋扈、倫理道徳に対する嘲笑、刹那主義の礼賛…
こうした状況のなか、プラトンは思索のスタートを切った。
　人生で最も大切なことは何か、この問いを胸に、プラトンを先達とし
て歩んだ旅の記録。
　　日本図書館協会選定図書■四六判　312頁　本体2,381円＋税■

人間観をたずねて
哲学入門

　ギリシア悲劇、聖書、ヘッセ、アヌイ、トルストイ、宮澤賢治の文学世
界の中の、普遍と個の切り結ぶ場面を通して人間観とは何かを考える。
　　日本図書館協会選定図書■四六判　296頁　本体2,315円＋税■